XABIER PIKAZA

Chamados pelo nome

A vocação, estudo bíblico

Dados Internacionais de Catalogação na Publicação (CIP)
(Câmara Brasileira do Livro, SP, Brasil)

Pikaza, Xabier
  Chamados pelo nome : a vocação, estudo bíblico / Xabier Pikaza ; [tradução Pedro Lima Vasconcellos]. – São Paulo : Paulinas, 2015. – (Coleção pastoral vocacional)

  Título original: Llamados por su nombre : la vocación, estudio bíblico.
  ISBN 978-85-356-3864-6

  1. Bíblia 2. Cultura vocacional 3. Escrituras 4. Interesses vocacionais 5. Teologia pastoral   I. Título.   II. Série.

14-13133	CDD-248.89

Índice para catálogo sistemático:

1. Pastoral vocacional : Cristianismo   248.89

1ª edição – 2015

Título original da obra: Llamados por su nombre: la vocación, estudio bíblico
© Publicaciones Claretianas, Madrid, 1998

Direção-geral: *Bernadete Boff*
Editores responsáveis: *Vera Ivanise Bombonatto*
Antonio Francisco Lelo
Tradução: *Pedro Lima Vasconcellos*
Copidesque: *Ivan Antunes*
Coordenação de revisão: *Marina Mendonça*
Revisão: *Mônica Elaine G. S. da Costa*
Gerente de produção: *Felício Calegaro Neto*
Projeto gráfico: *Telma Custódio*
Diagramação: *Jéssica Diniz Souza*

Nenhuma parte desta obra poderá ser reproduzida ou transmitida por qualquer forma e/ou quaisquer meios (eletrônico ou mecânico, incluindo fotocópia e gravação) ou arquivada em qualquer sistema ou banco de dados sem permissão escrita da Editora. Direitos reservados.

Paulinas
Rua Dona Inácia Uchoa, 62
04110-020 – São Paulo – SP (Brasil)
Tel.: 2125-3500
http://www.paulinas.org.br – editora@paulinas.com.br
Telemarketing e SAC: 0800-7010081
© Pia Sociedade Filhas de São Paulo – São Paulo, 2015

Sumário

Introdução 5

Capítulo 1 – Vocação humana, vocação religiosa 7
1. Crise de vocação? A galáxia das informações 9
2. Vocação e realização pessoal 16
3. Vocação e religião: Antigo Testamento 21
4. Apêndice 32

Capítulo 2 – Abraão, vocação de patriarca (Gn 12,1-9) 35
1. A palavra de Deus (Gn 12,1-3) 38
2. Resposta de Abraão. O itinerário da vocação (Gn 12,4-9) 46
3. A permanência de Abraão: judeus, cristãos, muçulmanos 55
4. Apêndice 63

Capítulo 3 – Moisés, vocação de libertador (Ex 3–4) 67

1. Introdução (Ex 2,23-25).
   Povo oprimido e cuidado de Deus 72
2. Teofania (Ex 3,1-6): Deus se revela
   a Moisés no deserto 75
3. Missão (Ex 3,7-10): o envio de Moisés 82
4. Dificuldade e nova revelação (Ex 3,11-14): o nome de Iahweh .. 86
5. Sinal (Ex 4,1-9): o poder do libertador 92
6. Ampliação (Ex 4,10-17): Moisés e Aarão 96
7. Conclusão 101
8. Apêndice 102

Capítulo 4 – Isaías, vocação de santidade
e julgamento de Deus (Is 6) 105
1. Teofania (Is 6,1-4) 108
2. Purificação 117
3. Envio e mensagem 125
4. Apêndice 137

Capítulo 5 – Jeremias, vocação para tempos
de crise (Jr 1,1-19) 141
1. *Inscriptio* ou introdução (1,1-3) 145
2. Vocação (1,4-8) 149
3. Investidura (1,9-10) 156
4. Sinais proféticos (1,11-16) 160
5. Confirmação do ministério profético (1,17-19) 166
6. Apêndice 171

Capítulo 6 – Elias e Jonas: nova vocação, crise de vocação....175
1. Elias, o profeta chamado de novo (1Rs 19) 176
2. Jonas, o profeta que quer negar sua vocação 189
3. Apêndice 202

Epílogo – Vocação de Cristo. Vocações cristãs.
A vida religiosa 207
1. Jesus, logos de Deus ou vocação
   encarnada (Jo 1,1-18) 210
2. A Igreja, mediadora da vocação universal
   de Cristo 221
3. A vocação à vida religiosa 237
4. Apêndice 245

Introdução

Este livro apresenta um estudo básico sobre o *homem como vocação*: porque nos chamaram à vida e abriram diante de nós um caminho, podemos existir e caminhamos. A palavra nos convoca e nela nos fazemos humanos.

De maneira especial destaca-se o poder da palavra de Deus que nos desperta à alegria e ao compromisso do humano. Isto é crer em Deus: escutar seu chamado e responder-lhe. Fora do espaço da vocação, se não existe uma atitude intensa de acolhida, não se pode falar de Deus sobre a terra.

Nosso livro, nos cinco capítulos centrais (do segundo ao sexto), quer ocupar-se do chamado de Deus e da resposta dos grandes fundadores de Israel. Abraão e Moisés, Isaías e Jeremias, Elias e Jonas viveram à escuta de Deus, em atitudes de algum modo convergentes. Eles são para nós *testemunhas da vocação*: suas vidas continuam sendo expressão de uma presença criadora de Deus sobre a terra. Ao nos situarmos em seus rastros podemos fazer-nos mais humanos, descobrimos melhor nossa raiz e grandeza e que somos chamados por Deus enquanto cristãos.

O primeiro capítulo, escrito como um prólogo, quer situar o tema da vocação em chave antropológica. Pode parecer mais esquemático e mais técnico, pois foi escrito a partir de bases filosóficas mais amplas. Quem sentir dificuldade para entendê-lo, deixe-o para o final do livro, quando resumir todo o anterior e quiser ver o que supõe o fato de que o homem não "tem" vocação, mas que é por essência vocação: sua forma de viver é a resposta a um chamado oferecido por outros homens e pelo mistério original do divino.

O último capítulo expande os temas da vocação israelita (plano do AT) a um nível mais amplo de *chamado cristão*, eclesial e, finalmente, de vida religiosa. Nesse aspecto pode valer de conclusão a todo o livro, pois apresenta Cristo como encarnação do chamado de Deus, vocação universal. Só com esse pano de fundo se pode interpretar o sentido mediador da Igreja e a tarefa exemplar da vida religiosa, como vida que cultiva de uma forma intensa e criadora a vocação de todos os crentes.

Quero recordar no começo deste livro alguns homens e mulheres que, nos anos de minha infância, me ofereceram um forte sinal vocacional: Manuel Ibarrondo (falecido em 28/04/1993), meu pai Francisco e meus avós (falecidos já há muitos anos).

O Autor

CAPÍTULO 1

Vocação humana, vocação religiosa

A palavra *vocação* deriva do latim *vocare*, chamar, e se relaciona com a voz (*vox* ou chamado). Pode ser entendida, em sentido lato, como inclinação profunda que nos leva a assumir um estado de vida ou profissão determinada. Dentro de seu próprio campo de sentido encontramos outras palavras que resultam convergentes e complementares: assim *evocamos* um acontecimento, *invocamos* um espírito protetor ou amigo, revogamos uma disposição...; também podemos falar de *advocações* ou títulos que damos a Cristo ou à Virgem protetora.

Em todos estes casos, o termo *vocação* com suas palavras correlatas nos situa no lugar onde a vida é interpretada como *chamado*, como *voz forte* (chamar vem de *clamare*, clamar) que dirigimos em caso de perigo ou de necessidade para que alguém nos ajude. Por isso dizemos na Salve rainha: "a vós bradamos, os degredados filhos de Eva, a vós suspiramos...".
É claro que esse gesto pode mudar e dessa forma o chamado se torna a*clamação*, se expressamos a grandeza de alguém, ou *proclamação*, se o investimos de grande autoridade. Também se pode *exclamar*, *reclamar*, etc.

Seja como for, à luz da vocação ou chamado, *o ser humano interpreta e é interpretado a partir da palavra*. Costuma-se dizer que os *gregos* davam primazia ao ver; o homem é antes de tudo alguém que olha; por isso interpreta a realidade como "visão" (em chave de ideia: o que se vê); no final de tudo, no cume da vida humana, está a contemplação, entendida aqui como olhar penetrante e beatífico, gozoso, que nos faz chegar até o mistério da realidade mais profunda. Verifica-se que os *hebreus* parecem ter dado primazia à fala; acreditavam que um indivíduo aprende a ser humano quando escuta, e plenifica sua humanidade quando responde, realizando-se assim em forma de diálogo.

A diferença principal entre olhar e palavra está precisamente na ausência ou presença de diálogo. Num primeiro sentido, *o olhar não dialoga*: ele se deixa penetrar por aquilo que se vê e admira ou se pode comportar de maneira possessiva, estabelecendo seu domínio sobre o olhado. Só num plano pessoal, quando se olham um e outro, dois seres humanos podem dialogar e dialogam com seus olhos, dizendo-se a vida mutuamente; porém, nesse caso, o olhar se torna conversação, pois *o meio ou lugar privilegiado de diálogo humano é a palavra* onde o próprio ser se torna voz ou chamado para cada um dos interlocutores.

O Evangelho sabia disso, quando no princípio da mensagem (Mc 4) interpretou a vida do homem como campo que germina: a semente semeada pelo semeador para que o homem se torne humano é a palavra; assim, introduz em nós um germe de vida, nos chama e devemos responder, tornando-nos humanos. Isso significa que *somos vocação*: não nos fizeram, de sorte que estejamos terminados por ação externa; semearam-nos, para que nós mesmos germinemos; chamaram-nos e só podemos nos realizar quando acolhemos o chamado e respondemos. Não temos uma vocação, como poderíamos ter outras ideias, desejos, propriedades; *somos vocação*, ou seja, vivemos e nos realizamos como humanos (seres pessoais); só escutamos a voz que nos dirige e respondemos, realizando-nos por ela.

1. Crise de vocação?
A galáxia das informações

Fala-se de uma *crise de vocações* (sacerdotais, religiosas, etc.), mas penso que devamos ampliar o tema e dizer que há uma *crise de vocação*, ou seja, crise na própria identidade do homem. Custa-nos saber por que vivemos; custa-nos admitir que alguém (ou algo) esteja chamando e que nós devamos responder-lhe ou responder a nós mesmos.

As coisas mudaram, ao que parece em quase todos os níveis. Ainda há algumas décadas, em sua obra *Ser e tempo*, M. Heidegger punha no centro da vida humana o *chamado* (*Ruf*): somos essencialmente vocação, recebemos o "cuidado" da própria existência e assim devemos realizar-nos, respondendo à voz que nos chega do fundo da vida humana. Também Ortega y Gasset se referia ao ser humano como vocação e entendia como *tarefa* fundamental de nossa vida: entre vocação e destino, ali nos realizamos como humanos, ali nos definimos. Em linha convergente ou ainda mais profunda Zubiri falou de vocação, relacionando-a com a própria tarefa ou *missão* que define a existência.

Não é estranho. A linguagem religiosa continuava dominando no nível da filosofia ocidental, interpretada como secularização dos grandes valores judeo-cristãos. Além disso, a política empregava em sua retórica este tipo de palavras, sobretudo nos sistemas mais ou menos próximos ao fascismo. Assim muitos de nós estudávamos, descobrindo que os mesmos estados ou povos tinham um *destino manifesto* (EUA) ou *vocação particular* e muito profunda de estender ao mundo certos valores espirituais, culturais ou raciais (Espanha).

Em algum sentido é bom que a *retórica vocacional* se tenha esgotado. Saio à rua, entro na sala de aula na universidade e pergunto aos jovens estudantes: Você tem vocação? Você é vocação? São maioria os que olham estranhamente: a pergunta não lhes faz sentido! Não sabem, não respondem! Vivem simplesmente por viver; estão aí, não se questionam. Gostam de algumas coisas e as buscam. Têm preferências, desejos, inclinações, mas a palavra vocação lhes fica demasiadamente grande, não sabem o que fazer com ela.

Parece haver uma *crise de vocação*, ao menos nesta época pós-moderna. Há algumas vocações profissionais (médico, professor...), mas em geral nem isso. O que se chamava vocação política está sem prestígio e se entende quase sempre como uma ânsia de poder e de dinheiro. As vocações profissionais parecem apenas formas de ganhar dinheiro, dentro de uma sociedade competitiva e hedonista, onde se diz que a vida é um destino imposto de fora, como um lugar inóspito em que só tem sentido o triunfar, ter e desfrutar, satisfazendo as apetências imediatas, até o transe em que tudo acabe com a morte.

Pois bem, nesse pano de fundo de crise da vocação penso que há algo que é muito bom. Estávamos talvez demasiadamente identificados com a retórica e propaganda vocacional: de tipo político. Haviam-nos imposto de fora uma imagem de vocação trágica (Heidegger), haviam-nos falado demasiadamente de destino... É bom que essas figuras da vocação humana tenham quebrado e nos pareça que não sobrou nada mais que um terreno descampado. É aqui o lugar onde podemos e devemos afirmar nossos ouvidos e escutar bem o chamado mais profundo do humano (que na verdade é o chamado de Deus em nossa vida).

Crise de vocação significa crise de chamado: haviam-nos enganado demasiadamente com toques de sirene que se apresentavam como oráculo de Delfos (voz original do divino).

Enganaram-nos, utilizaram-nos, dizendo serem voz de Deus as vozes da política e do poder do mundo. Por isso é normal que haja uma espécie de profundo desencanto e digamos que não há vozes: ninguém chama, vivamos por nós mesmos!

Ninguém chama! "Que bom vassalo se houvesse bom senhor!", dizia o El Cantar de *Mio Cid*.* Também hoje existiriam vocações se alguém chamasse de verdade! Só ali onde se chega à própria raiz na crise da vocação pode dar-se vocação verdadeira. Por isso, o que importa é que alguém chame de verdade: que não nos engane com a sua voz, que não nos utilize, que nos faça crescer em liberdade.

No fundo de nosso desencanto (não há vocação!) talvez se esconda uma disponibilidade superior. Devemos *suspeitar* de toda vocação partidarista, de toda promessa imediata, de toda miragem de chamado salvador. É bom chegar até o fundo da crise e habitar dessa maneira "em terra estranha", até descobrir assim a grande fragilidade e a miragem das mil pequenas promessas ou chamados salvadores que nosso tempo oferece. Só nessa perspectiva podem-se entender os grandes relatos vocacionais do Antigo Testamento que quero apresentar nas páginas seguintes. São relatos que devem ser lidos e interpretados nestes níveis:

a) *Há um ponto de partida* que é a situação de engano, escravidão ou ruína em que os humanos vivem. Só ali onde se nota e se sofre na própria carne este estado de risco ou perdição se pode dar verdadeiro chamado religioso.

---

* N.T.: Trata-se de uma obra épica, considerada um dos monumentos da literatura espanhola medieval, composta por volta de 1140. Consiste num relato das façanhas de D. Rodrigo Díaz de Bivar, "El Cid", guerreiro cristão nas lutas contra os muçulmanos pelo controle da Península Ibérica.

b) *Há alguém que chama*. O protagonista da vocação não é o "chamado" (Abraão, Moisés, etc.), mas o Deus que se eleva diante de seus olhos e o convida a percorrer um caminho novo, a realizar uma missão mais profunda.

c) *Está o homem chamado*, ou seja, o portador da vocação (Moisés, Isaías). Não escolhe, é escolhido: buscam-no e o escolhem para realizar uma tarefa. Por isso, o Deus que chama o "separa" ou consagra, fazendo dele seu sinal vivo, ou seja, um escolhido.

d) *Está, por fim, a missão*: aquele que foi chamado há de pôr sua vida a serviço dos outros, introduzindo sua palavra e realizando seu gesto de transformação dentro da própria situação de escravidão em que se encontrava.

Como se pode ver, a vocação é uma realidade complexa onde intervêm dois personagens centrais (quem chama e quem é chamado), que dialogam sobre um pano de fundo mais amplo, ou seja, dentro de um grupo ou sociedade na qual o próprio chamado há de oferecer seu testemunho. Mas com isso estamos adiantando temas e aspectos que devem ser tratados com muito mais cuidado: estamos supondo que possa haver um *Deus* que chama (no fundo de meu próprio ser, para além da própria sociedade): supomos também que o ser *humano* pode escutar uma voz própria, pessoal, intransferível que, de alguma forma, o separa da *sociedade* ou do contexto, para logo introduzi-lo nela de maneira diferente...

Estamos supondo muitas coisas que nos levam até o centro da antropologia: o que somos? Como aprendemos? Podemos distinguir-nos, num determinado momento, dos outros, adquirindo assim uma consciência pessoal e descobrindo uma tarefa própria em nossas vidas? Estes são temas e perguntas que requerem um estudo muitíssimo mais profundo, mais preciso e mais extenso. As respostas que podemos dar são diferentes, mas penso que em todas elas devem entrar estes níveis de consideração. Voltamos assim ao tema: a tarefa de ser homem. Por que sou? Como me fizeram? Em que planos existo? Estes podem ser princípios de resposta ao problema:

1) *Sou herança biológica*: um conjunto de genes muito abertos, capazes de desdobrar-se em forma humana e de receber a informação por meio (especialmente) dos outros humanos. Neste plano genético somos todos semelhantes: não estamos ainda feitos, parecemos uma *tabula rasa*, uma tabuleta onde não há nada escrito, mas em que quase tudo pode ser escrito.

2) *Somos resultados de um processo de informação*: desde o momento do nascimento recebemos e codificamos em nosso cérebro uma série de informações afetivas, cognoscitivas que definem nosso próprio ser humano. Estritamente falando, em sentido biológico, temos apenas *genes* e *informação*. Isso significa que somos concretamente aquilo que recebemos (do ambiente, dos pais, da sociedade, etc.).

3) *Sobre a informação está a formação* ou, talvez melhor, a partir do pano de fundo das informações que recebemos podemos e devemos *formar-nos* de maneira individual ou pessoal. A informação abre um campo de possibilidades, oferece uma espécie de leque, mas não nos determina ou define numa direção determinada. No próprio processo de informação vai surgindo um "eu" que a possa controlar e a controla, fazendo-se assim dono de si mesmo. A formação (surgimento, emergência, infusão ou como quer que se queira explicitar no plano filosófico) deste eu pessoal

constitui isso que podemos chamar o "milagre constante" da vida humana.

4) *Para além de informação e formação, nós somos porque logramos escutar um chamado.* Não existimos apenas porque nos carregaram com informações (como se faz a um computador). Tampouco somos porque conseguimos "formar-nos" a nós mesmos. Somos porque alguém (pais, amigos) nos chamou à vida. Como fruto de seu cuidado existimos; como resposta a sua voz podemos realizar-nos.

No título deste tópico referi-me à *galáxia* das informações. Estamos num mundo onde o modelo do computador (ou ordenador) parece dominar tudo: sobretudo no disco rígido de nossos genes (células cerebrais) se inscreveram sistemas operacionais que nos permitem codificar e utilizar uma quantidade imensa de informações que recebemos do externo. Pois bem, para além dessa galáxia, tornando possível que ela funcione em forma humana, vem destacar-se o *âmbito fundante da vocação*: somos porque alguém, de maneira pessoal, nos chamou, oferecendo-nos sua informação e capacitando-nos para assim formar-nos (ou seja, responder como pessoas).

Talvez a mais profunda das afirmações antropológicas se encontre na palavra que o sacerdote Eli ensinou ao menino Samuel, ao dizer: "estou aqui porque me chamaste", "fala, que teu servo escuta" (1Sm 3). Existo como humano porque alguém (pais, companheiros, sacerdote) me chamou, porque despertaram minha consciência e me capacitaram para responder, continuando eu a ser eu mesmo. Mas existo, de forma superior, porque os seres deste mundo (pais, sacerdotes) me educaram para estar à escuta de Deus, superando assim o espaço de um diálogo puramente humano.

A galáxia de informações parece inundar-nos: vivemos trazidos e levados por notícias inumeráveis. Mas só nos tornamos indivíduos e existimos de verdade quando recebemos uma palavra de chamado pessoal que nos define e desperta como humanos. Multiplicando até o infinito as informações se consegue um computador melhor, mas nunca um ser humano. Só há homem por *chamado pessoal*, ou seja, através de um processo de vocação que se funda no biológico (união material genético masculino/feminino, gestação, etc.) e se expressa no caminho concreto da palavra amor que os pais (ou seus equivalentes) vão oferecendo à criança ao longo de seus primeiros anos.

Sem esse *chamado ou palavra de amor* (de presença afetiva, de alimentação, de ensino da linguagem) não se pode desdobrar o ser humano. Não que primeiro existamos e depois possamos pensar em nossa vocação. É o contrário: existimos surgindo de uma vocação; nascemos através do chamado que os pais nos dirigiram, no caminho onde informação e formação só são possíveis a partir de um âmbito mais profundo de palavra pessoal.

Sou porque me chamaram: existo por graça pessoal de outros humanos, eles me fizeram nascer à existência humana. A tradição cristã o assinalou, sobretudo, em relação ao nascimento de Jesus: *surge através da palavra*. Certamente essa palavra não pode ficar desencarnada: ela se vincula ao amor (encontro biológico) dos pais, à gestação da mãe, aos cuidados físicos dos educadores, etc. Mas todo o processo biológico de gestação adquire sentido humanizante e pode apresentar-se como fonte de nascimento pessoal ali onde aparece como lugar de presença de uma palavra.

Sou porque alguém quis que eu fosse; chamou-me à existência, me deu sua palavra, ofereceram-me um nome e me fizeram indivíduo pessoal. Não surgi por mim mesmo, chamaram-me. Por isso, antes de minha vocação, como fundamento de minha vida, está a vocação daqueles que quiseram que eu existisse. Pode crescer a galáxia das informações e é bom que cresça, dando-nos assim possibilidades insuspeitadas de crescimento. Mas é mais importante que cuidemos do mundo pessoal e do chamado ou vocação pelo qual somos.

2. Vocação e realização pessoal

Sou porque me chamaram. Mas, num momento determinado, hei de afirmar que *sou porque quero*, porque assumo a vida e a realizo. Do contrário poderia suicidar-me. Nisso me distingo dos animais: sou porque quero (quero isto, quero-me). Não vivo só a partir de fora (porque me chamam), mas porque eu mesmo aceito e realizo minha existência, em gesto no qual podem distinguir-se de algum modo estes níveis:

1) *Existo por natureza*. Sinto em minha vida um impulso que me leva a manter-me e a perdurar. É como um desejo natural de ser que me vem desde o fundo do mundo e me mantém em pé sobre a Terra. Como as plantas e os animais desdobram seu ciclo vital, assim se desdobra e se expande a vida em mim mesmo. Isso significa que sou antes de pensar-me e de querer-me (contrariamente à afirmação cartesiana que afirma *penso, logo existo*).

2) *Existo por consciência*, porque há algo em mim que sente, diz que devo viver. Isto é o que chamo a voz da consciência. Ela me fala a partir de dentro, em gesto de chamado incessante, do eu fundamental (ou supra-eu) que marca

meu caminho na existência. Talvez pudéssemos chamar à consciência *vocação interior*: é o eu mais profundo que habita dentro de mim e me vai dizendo o que hei de ser, como devo realizar-me e responder, dando-me as forças para fazê-lo. Dessa forma, o *chamado* dos outros (a força mesma da vida) se torna voz interior: por ela me falam os demais; o próprio Deus nela se torna voz e vontade.

3) *Existo finalmente por missão*, ou seja, existo para realizar-me. Já não me chamam as coisas de fora ou as pessoas que me fizeram nascer à natureza humana. Tampouco o que me impulsiona é a consciência, por dentro. Em um momento determinado, sem anular os planos anteriores, descubro que vivo porque tenho uma tarefa a realizar; fui enviado para ser e só neste envio minha existência adquire sentido e se mantém.

Deixo o nível da natureza, interpretada aqui como impulso vital, e me detenho nos seguintes planos: de consciência e de missão; neles o chamado adquire sentido; só neles posso descobrir e realizar minha vocação.

Toda vocação é chamado de consciência, como uma voz que se escuta em liberdade interna. Chamaram-me outros (pais, formadores); chamou-me talvez Deus (se aceito o poder de sua palavra). Mas essas vozes só adquirem sentido e só podem ser escutadas através de minha consciência, ou seja, em forma de palavra interior que eu mesmo descubro e assumo na vida. Não há chamado impositivo, que obrigue a partir de fora, sem nos dar liberdade perante ele. Não há chamado verdadeiro que silencie o juízo mais interno e a mais forte opção da consciência. É exatamente o contrário. Os dois planos se implicam de maneira inseparável:

a) *Os demais nos chamam através da consciência* e nela influem, por ela nos dirigem sua palavra. Nesse aspecto, ser fiel à vocação significa responder com fidelidade a meu interior. Quanto mais forte pareça o chamado que nos vem de fora, mais claro e preciso deve ser o apelo à consciência. Se alguém nos fala de verdade, se alguém nos quer e quer que nós possamos responder-lhe, deve influir em nossa consciência. Não deve impor nada: há de buscar nossa resposta pessoal. Por isso tem de deixar-nos em plena e absoluta liberdade para que nós mesmos possamos responder a partir do profundo de nossa própria decisão.

b) *Nossa consciência há de se formar partindo dos outros*, ou seja, a partir do chamado que eles nos dirigem. A consciência não é uma realidade fechada em si mesma, intangível e imutável. É justamente o contrário: sendo o mais profundo e pessoal que eu posso (que eu sou), ela segue dependendo dos outros. Assim podemos falar, em formosa expressão, de *reciprocidade das consciências*. Aquele que tem o juízo já formado e a decisão sempre tomada de antemão, sem deixar que outros possam influir, não é um homem maduro, muito pelo contrário: é uma espécie de morto prematuro.

A partir disto dizemos que somos paradoxais: o mais profundo que temos (a consciência) se explicita e cresce em contato com os outros; por outra parte, ali onde escutamos os demais (acolhendo o que dizem) estamos escutando a nós mesmos (ou seja, obedecemos à voz da consciência). Isto significa que os outros não estão fora num sentido puramente externo, mas formam parte de nosso próprio ser. Para captá-lo devem ser empregados sempre esquemas duplos que destaquem os dois traços ou momentos da mesma realidade.

a) *Há um plano maiêutico*, que aparece destacado nos diálogos socráticos: a consciência e verdade é algo próprio de cada um, algo que brota do interior da pessoa. Os outros nos ajudam só como "parteiros": vão fazendo que possamos dar à luz aquilo que levamos previamente dentro e que era somente nosso. Isto significa que no fundo cada um é solitário. O encontro com os outros vale para explicitar (iluminar) o que sempre era seu.

b) *Há um plano seminal*, que já tínhamos ressaltado na parábola do semeador de Mc 4: somos como um campo e só podemos germinar se recebemos a semente da vida, a palavra que nos vem de fora (que os outros nos dão). Isso significa que o mais próprio que eu tenho já não é meu: deram-me de fora, é um presente que recebo dos outros.

No lugar onde ambos os planos se unem surge a consciência, isto é, minha identidade como pessoa. Ser fiel à própria vocação significa viver o plano de consciência: escutar seu chamado e realizar-nos verdadeiramente. Dessa forma a pessoa se realiza e não vive por pura necessidade, nem por negligência, nem por fatalidade ou medo, mas a partir de si mesmo, escutando a palavra que a convida a realizar-se. Tendo isso presente, podemos e devemos evocar já o terceiro momento do esquema, situando nossa vida em plano de missão.

Toda vocação se encontra aberta a uma missão. Estritamente falando, ambos os momentos se distinguem: uma coisa é o chamado que me põe em pé, outra o envio que me tira de mim mesmo e me dirige ao cumprimento de determinadas tarefas. Mas se olhamos as coisas de maneira mais profunda esses aspectos se vinculam, formando assim uma unidade inseparável. Entre a vocação e a missão emerge o homem, conforme o esquema triádico que agora apresentamos.

a) *Vocação*: o ser humano nasce de um chamado, surge através de uma palavra. O mais profundo que tenho é aquilo que me "deram", aquilo que me fizeram ao dirigir-me um chamado de forma direta.

b) *Sou pessoa*. O chamado me dá um nome, me faz um indivíduo. Assumo o que me ofereceram, respondo ao chamado que me dirigiram. Dessa forma sou eu mesmo: tenho consciência e realidade como pessoa.

c) *Missão*: chamaram-me (vocação) e sou chamado para realizar uma tarefa, ou seja, para realizar-me. Não é que haja missões para executar; eu mesmo sou missão, existo somente na medida em que fui enviado.

Como este esquema indica, *vocação* e *missão* se correspondem. No caminho que vai do chamado que desperta nossa vida à missão que a culmina realizamos verdadeiramente nossa existência, tornando-nos pessoas. Ao falar de vocação queremos distinguir dois elementos (o chamado dos outros e meu próprio chamado). Também aqui podemos distingui-los, traçando assim os dois aspectos principais da missão humana.

a) *Eu mesmo sou missão*. Minha tarefa principal não é fazer coisas, mas fazer-me a mim mesmo, em processo de realização que vai durando todos os momentos da vida. Não hei de buscar fora. Levo a missão dentro de mim. Esta é a tarefa, o dever da existência: ir tornando-me pessoa em processo de amadurecimento afetivo e descoberta de minha própria realidade.

b) *Faço-me missão para os outros*. Só chego a realizar-me e cumpro minha tarefa à medida em que converto minha vida em palavra de amadurecimento para os outros. Fazer que eles sejam: que nasçam para a vida em liberdade, que livremente possam desprender-se, que encontrem um espaço de amor e de confiança em seu caminho... Esta é a tarefa de minha vida; através dela me realizo, tornando-me pessoa.

Vinculamos assim princípio e fim, vocação e missão, ao entendê-las como traços ou momentos inseparáveis do próprio processo da vida. Este é um caminho que vamos percorrendo sempre acompanhados, de maneira que a *comunhão* (comunicação pessoal) nunca é um dado que se acrescenta quando a existência verdadeira já se encontra realizada. Trata-se justamente do contrário. Nesse processo de vocação-missão está sempre incluído o aspecto de comunhão ou encontro com os outros: eles nos transmitem o chamado da vida (pais, amigos), para eles queremos e devemos traçar nossa missão ao nos realizarmos. Só com esse pano de fundo de realização humana podemos falar de "religião", ou seja, de vinculação fundamental com o divino.

3. Vocação e religião: Antigo Testamento

Só se pode falar de Deus num sentido verdadeiro no nível da vocação e realização humana. Certamente *há religião do cosmos*, pelo menos num nível extenso: sentimo-nos vinculados ao grande mundo divino que nos funda, nos alenta, nos protege e nos engloba; mas essa mesma religião haverá de ser entendida em termos de chamado, como expressão daquela "voz de Deus" que nos convoca a realizar-nos (manter-nos) como humanos.

Não há religião sem vocação, ou seja, sem chamado de Deus ou do poder do sagrado que nos põe em pé e faz com que nos realizemos como humanos. De uma forma misteriosa, que não posso explicitar mais detalhadamente, desde o começo da história os humanos vêm descobrindo que o próprio Deus os convida e chama à existência. Transcendendo todos os chamados anteriores, como expressão daquele poder originário que nos fala e funda na existência, encontramos o divino. Façamos de novo o esquema:

1) *Chama-nos a natureza*, isto é, o processo cósmico da vida que aparece como realidade fundante: pudemos nascer em forma humana e somos (persistimos) como humanos porque o grande poder do mundo nos continua sustentando e nos oferece seu chamado. Escutar a voz do mundo (da vida) que se expressa e se manifesta em nossa vida é a primeira de nossas vocações.

2) *Chamam-nos os demais*. Chamou-nos com sua voz o cosmos (biologia) e as pessoas que nos falam, fazendo assim que despertemos para a vida pessoal, consciente, humana. Somos porque o pai/mãe (ou seus equivalentes) e também outros humanos fixaram seus olhos em nós e nos chamaram, oferecendo-nos sua assistência, dando-nos sua palavra. Escutar a voz dos antepassados e dos companheiros de caminho, que nos fazem existir como humanos; este continua sendo um elemento-chave de nossa vocação humana.

3) *Chama-nos a voz da consciência*, a própria voz interna: somos porque há algo em nós que nos faz ser, nos sustenta, nos alenta, nos impulsiona. Dessa forma, a vocação que antes se encontrava (ou vinha de) fora se torna interna, como elemento original de nossa vida. Somos diálogo interior constante de chamado, pergunta

e tarefa que devemos ir escutando e respondendo a partir de dentro.

4) *Deus mesmo nos chama*. Certamente sua voz resulta inseparável das vozes anteriores: Deus nos chama através do poder da natureza; dirige-nos sua palavra através dos homens, convoca-nos desde o fundo de nossa consciência... Esta é a origem e o sentido da religião: vamos descobrindo a presença de Deus como chamado fundador, no princípio de todos os princípios.

Logicamente todas as tentativas de ver a religião (e Deus) como algo que pode objetivar-se, separado da própria vida, resultam ao fim equivocados. Não se pode falar de Deus como se fora uma coisa a mais que encontramos e tocamos de um modo objetivo fora de nós. Não se pode falar de religião como se fora um sentimento parcial e bem delimitado, ao lado dos outros. Deus não é uma coisa entre outras, nem a religião um modo particular de viver ao lado de outros modos possíveis de existência.

Conforme o esquema anterior, *a voz de Deus* nos chama desde o fundo (e plenitude) de todas as restantes vozes fundadoras da vida humana: natureza, sociedade (história), minha própria realidade ou consciência humana. Por isso, a *religião*, como acolhida e cultivo dessa voz de Deus, resulta inseparável do desdobramento total da existência. Não é que o homem seja em primeiro lugar *humano* (natureza, história, sociedade, autonomia individual) e depois, como num acréscimo, possa tornar-se *religioso*. É exatamente o contrário: a religião é o desdobramento mesmo da vida humana em sua profundeza radical, em sua verdade definitiva.

1) *É evidente que Deus fala por tudo* ou, melhor dizendo, no fundo de tudo. Fala na *natureza*, como princípio da realidade, fundo em que tudo adquire base e subsistência. Fala pelos *outros*, como expressão da verdade e do poder social: é a garantia de valor daquilo que nós recebemos dos outros, ao fundar nossa existência neles. Fala, enfim, por nossa *consciência*: voz de Deus se disse sempre que é a voz que nos chama e nos sustenta a partir do fundo da própria vida, como garantia e princípio de nossa própria individualidade;

2) *Porém, em tudo isso, Deus fala por si mesmo*, ou seja, como realidade própria e pessoal. Não se confunde sem mais com a natureza, nem se identifica com a sociedade, nem se restringe a minha consciência... Em todos esses planos, Deus continua se revelando como transcendente, é um mistério que existe em si e que vem até nós do fundo de si mesmo. Esta transcendência de Deus, a quem escutamos através das vozes da realidade mais profunda (natureza, sociedade, consciência), é fundamento e sentido da experiência religiosa propriamente dita.

De Deus podemos falar à medida que escutamos seu chamado. Só em nível de vocação, em atitude de escuta e compromisso pessoal podemos acolhê-lo, conhecê-lo, responder-lhe. Quem pretender manejá-lo a partir de fora, fixando de maneira objetivista seus poderes, nunca logrará conhecê-lo. Seria como alguém que, como mestre do amar, vem dar lições sem ter percorrido os caminhos do amor; seria como alguém que queira falar do homem sem se fazer humano. Deus é fonte ou, melhor dizendo, *o momento fundante* de nossa vocação humana. Por isso, não podemos dizer que *temos* vocação, como uma coisa que se toma e deixa, mas devemos afirmar que *somos vocação*: fundados em Deus temos (somos) religião.

Ser religião significa realizar nosso próprio ser humano em gesto de abertura, ou seja, num caminho em que vamos descobrindo, ao mesmo tempo, nossa própria realidade e o próprio ser do divino. Vamos descobrindo Deus (vamos escutando-o) ao nos descobrirmos e realizarmos como chamados, acompanhados, convidados, a partir do mesmo fundo da natureza, da sociedade e da consciência. Valendo-me de esquemas que Xavier Zubiri desenvolveu em outra perspectiva, quero oferecer uma visão geral dos momentos da experiência religiosa originária:

1) *Deus chama*. Talvez possamos dizer que nos "implanta" e enraíza na existência através de seu "chamado". Não nascemos por acaso; não brotamos da terra por fatalidade. Surgimos para a vida e vivemos porque "alguém" (poder de realidade, Deus mesmo) pronunciou nosso nome. Não estamos largados, perdidos no mundo. Somos e existimos (desenvolvemo-nos como humanos) respondendo à vocação do divino;

2) *Deus acompanha*, ou seja, dialoga conosco. Não nos chamou para logo deixar-nos entregues à própria sorte, ao deus-dará. Segue ao nosso lado, como um companheiro de caminho. Dessa forma, seu chamado ou vocação se converte em experiência dialogal; a certeza de que aquele que nos fez vive conosco, assumindo de algum modo nossa própria sorte, é centro de toda experiência religiosa;

3) *Deus nos envia* para o futuro de nossa própria realidade, aparecendo como promessa de existência. Dessa forma, a vocação se torna missão: a certeza de que Deus está no princípio se traduz na esperança de encontrá-lo no final do

processo da história, oferecendo assim sentido ao próprio futuro da vida humana, seja a modo de plenitude histórica ou em formas de culminação trans-histórica (imortalidade, ressurreição, volta do homem ao ser divino originário, etc.).

Dessa forma, os momentos da *religião* (chamado, diálogo, promessa) vêm a entender-se como elementos fundamentais de uma antropologia integral. A religião não é algo que se acrescente ao ser humano, mas a forma radical de entender e realizar nossa existência em chave de chamado, diálogo e promessa de futuro. Estes três aspectos se vinculam de maneira inseparável, ou melhor, contêm-se uns nos outros, de maneira que resulta impossível tomá-los isoladamente.

Assim o mostra, de forma privilegiada, a experiência israelita, tal como fixada no Antigo Testamento, livro que cristãos e judeus compartilham, como testemunho fundante de emergência religiosa. A história de Israel, recolhida e registrada nesse Antigo Testamento, constitui uma espécie de grande desdobramento vocacional; aqui Deus se vai mostrando; aqui se manifesta o mais profundo ser do homem.

Logicamente as grandes tradições (as linhas teológicas construídas) do Antigo Testamento podem ser entendidas como expressão de uma *experiência vocacional*. Nossa forma de entendê-las resulta sempre limitada, pois não logra expressar a força livre e criadora da vida, sobretudo num povo tão paradoxal e mutante como o povo israelita. No entanto, penso que os três momentos da religião antes indicados se expressam e realizam de forma exemplar (universal) nessa história.

Deve ser assim, se é que tomamos o Antigo Testamento de Israel como uma linha que conduz ao desdobramento mais pleno do humano, que acontece em Jesus Cristo. Isso significa que, percorrendo seu caminho provado, como um povo entre os outros povos da terra, os judeus traçaram um *caminho universal*, oferecendo assim as chaves da vocação humana. Estes são, a meu ver, seus momentos principais:

1) *Vocação é chamado ou eleição, que se expressa num êxodo*. Esta é a primeira das grandes tradições israelitas: Deus começou sua obra entre os homens chamando ou escolhendo Abraão para percorrer o caminho do humano. Logo continuou chamando seus filhos cativos no Egito, iniciando com eles um caminho de êxodo ou saída que os leva da escravidão cósmica e política do mundo a um futuro de liberdade. Este foi e continua sendo o testemunho privilegiado do chamado de Deus. Por isso, no começo da vocação (e da religião) colocamos ainda as figuras de Abraão e Moisés;

2) *A vocação leva à aliança* e nela se realiza e ratifica: Deus chama os hebreus cativos e os livra do Egito para dialogar com eles, pactuando de maneira forte na montanha de sua revelação e de seu encontro (Sinai). Toda a história israelita se condensa na experiência da aliança, expressa e realizada de formas criativas ao longo do caminho: é a aliança realizada por Moisés, legislador primeiro; é a aliança que nos grandes profetas toma forma de amor matrimonial vinculando Deus e o povo; é a aliança que nos tempos de Jesus se considera ainda aberta (os cristãos pensam que ela se cumpre e ratifica para sempre em Cristo);

3) *A vocação é finalmente caminho de missão e de promessa*. Onde há chamado surge a esperança e se tende a um futuro que se funda na promessa. Logicamente o mesmo Abraão, primeira testemunha da eleição israelita, vem a ser apresentado no Antigo Testamento como o portador de uma promessa de terra e descendência para o povo.

Testemunhas privilegiadas do valor e risco dessa promessa são os grandes profetas de Israel. O povo inteiro assume essa promessa e a converte com sua vida em princípio de *missão*: sendo dom de Deus, o futuro é resultado e meta de um caminho que os homens devem assumir de maneira criativa.

Estes são, a nosso ver, os temas fundantes da história israelita, expressa no Antigo Testamento e entendida como um *grande processo vocacional*: lugar privilegiado do chamado de Deus e campo de resposta intensa dos homens. Assim podemos falar que a *teodiceia* verdadeira, ou seja, a manifestação de Deus como o que chama/acompanha/promete, veio a realizar-se de maneira privilegiada na história israelita. Quem quiser saber se Deus existe (podendo percorrer também outros caminhos), venha à escritura do Antigo Testamento: ponha-se no lugar de Abraão e comece a caminhar, escutando sua palavra; acolha em seu interior a voz dos profetas do Egito e reassuma a experiência de Moisés; acolha em seu interior a voz dos profetas, etc. Assim o sentiu e continua sentindo a Igreja cristã, sobretudo na celebração pascal, quando assume o Antigo Testamento como princípio de manifestação de Deus.

Dando mais um passo, diremos que o Antigo Testamento é o *caminho vocacional por excelência*: é a rota que Israel percorreu, respondendo ao chamado de Deus e dirigindo-se ao futuro de sua manifestação definitiva (a seu messias). Por isso, a fim de mostrar os elementos principais da vocação humana e religiosa, quisemos percorrer alguns dos passos importantes da história israelita (os chamados de Abraão e Moisés, de Isaías, Jeremias, Elias e Jonas). Nosso estudo quer situar-se em dois níveis:

a) *Plano de história*. Percorremos os momentos do passado, voltando ao que foram os esquemas de chamado dos velhos patriarcas e profetas. É importante que se note a distância do passado, a particularidade das grandes personagens de Israel, sua novidade ante o contexto religioso de seu tempo. Eles são como elos de uma história que já foi realizada para sempre; nesse aspecto não podemos repeti-la.

b) *Plano de atualização.* Mas, ao mesmo tempo, os grandes representantes da vocação israelita são como testemunhos de um chamado que nós devemos assumir e de algum modo percorrer com eles. Deus continua abrindo seu (nosso) caminho, de maneira que nossa vocação repete e de alguma forma atualiza os grandes momentos da história israelita.

O Antigo Testamento de Israel não oferece uma teoria para que nós a aprendamos: não impõe doutrinas, nem estabelece modelos de necessidade que forçosamente devamos percorrer. Pelo contrário: Israel nos traçou um caminho de vocação, convidando-nos a escutar a voz de Deus e responder-lhe, em gesto de fidelidade e amor que nos conduz ao Cristo.

A vocação não obriga, não se impõe. Deus começa pronunciando nosso nome e assim nos capacita para situar-nos diante dele, em completa liberdade. Antes parecíamos obrigados a viver por fatalidade, sem saber onde escolher, porque no fundo tudo dá no mesmo. Pois bem, num momento determinado, quando escutamos a voz de Deus e seu chamado se manifesta, percebemo-nos donos do caminho (do futuro): assim realizamos nossa própria liberdade para responder e nos realizarmos, num sentido ou em outro.

A vocação suscita responsabilidade, ou seja, faz-nos capazes de responder com liberdade, desdobrando nossa vida como humanos. Por isso, como já indicamos, a vocação se expressa sempre em forma de aliança, ou seja, como diálogo. Quem queira chamar impondo, não chama, arrasta; quem fecha as opções restantes e só nos deixa diante da sua, impede que nos realizemos como humanos. A vocação messiânica (como espaço do chamado de Deus) foi o lugar onde os israelitas descobriram e assumiram sua própria liberdade como povo que responde à palavra de Deus sobre a terra.

Começarei tratando das vocações de *Abraão e de Moisés*, os dois grandes patriarcas e representantes do povo israelita. Os textos que analiso (Gn 12 e Ex 3–4) não podem ser entendidos como história em sentido biográfico: não remetem a fatos concretos da vida dessas personagens; tampouco querem evocar o processo de maturação de sua psicologia. Trata-se de personagens demasiado importantes e distanciados na história. Mais que indivíduos concretos, eles são "paradigmas" ou modelos da história israelita.

Por isso, sua vocação é vocação de todo Israel. *Abraão* é antes de tudo o pai a quem o povo deve remeter-se no princípio: seu gesto de ruptura e seu caminho para a terra palestina são uma expressão da ruptura e do caminho que seus filhos (descendentes) devem sempre percorrer novamente. *Moisés* foi convocado como primeiro libertador, para oferecer a nova Lei ao povo: em seu chamado e seu caminho se condensa o chamado e a fidelidade de todos os israelitas posteriores.

Por isso, ao tratar das figuras de Abraão e de Moisés, não quisemos recriar os traços de sua história, em sentido arqueológico. Tampouco quisemos definir e distinguir os velhos documentos (J ou E, D ou P), buscando assim possíveis elementos primitivos nos textos. Preferimos tomar os relatos como estão e estudá-los em sua unidade narrativa, precisando assim o que foi visão fundamental do chamado de Deus nos momentos que definem o princípio e dão as chaves da história. Em Abraão e Moisés encontramos a mais profunda teologia israelita da vocação como chamado de Deus e caminho de realização do homem. Por isso quisemos evocá-los de forma mais detida.

Tratamos a seguir da vocação de *Isaías* e *de Jeremias*, estudando de um modo concreto os relatos de seu chamado (Is 6 e Jr 1). Trata-se já de textos autobiográficos, retocados pela tradição profética posterior, mas forjados de um modo poderoso por seus próprios protagonistas, os maiores profetas da história israelita.

Estas duas passagens, com sua evocação autobiográfica e seu enquadramento teológico, e servindo de base aos livros posteriores, redigidos pelos representantes das duas grandes escolas proféticas de Isaías e Jeremias, constituem textos-chave da história e da literatura universais. Poucas vezes se conseguiu dizer coisas mais profundas. Poucas vezes alguns homens puderam confessar-se assim, expressando a experiência de seu encontro com Deus, interpretada como vocação profética a serviço da manifestação de Deus no meio de seu povo.

Isaías e Jeremias utilizam, falando de sua vocação, imagens e temas (palavras e motivos) que são tradicionais. Porém, de tal modo os recriam que transmitem com eles algo que é completamente novo. A vocação israelita encontra aqui sua profundidade, sua verdade e seu sentido. O homem novo, recriado pelo chamado de Deus, nasce a partir de experiências e palavras como estas. Por isso tomaremos os textos de sua vocação fundamental em toda sua força, vendo-os como expressão de uma ruptura humana e religiosa, como sinal de uma forte criação de Deus. Para além da análise puramente textual, de discussões eruditas sobre documentos primitivos e glosas posteriores, buscaremos o sentido unitário dos relatos autobiográficos, vendo neles o que implica o chamado criador de Deus para os homens.

Só de forma reduzida, quase como apêndice, tratamos depois dos relatos exemplares de *Elias e Jonas*. Chamamo-los relatos exemplares e o são porque refletem de forma muito profunda a crise de toda vocação: crise por cansaço e fracasso (Elias), crise por dificuldade na tarefa de que Deus nos encarrega (Jonas). Eles, testemunhas do fracasso e da dificuldade na tarefa da vocação, vão ajudar-nos a culminar nosso pequeno percurso.

Não queremos oferecer aqui conclusões, seguras ou grandes. Basta-nos abrir algum caminho. Será conveniente que o leitor assuma e possa recriar de forma pessoal o que eu digo. Por isso quis oferecer para cada um dos temas algumas sugestões de leitura, uma bibliografia mais ampla, com algum texto ilustrativo e algumas poucas perguntas que possam servir de referência ou trabalho mais profundo. Em um epílogo de tipo conclusivo traçarei os aspectos principais da vocação cristã já aplicada à vida religiosa.

4. Apêndice

4.1. Sugestão de leituras

Gn 1–3: criação e chamado do homem
Sb 1–10: o homem criado para o encontro com Deus
Eclo 42,15–50,28: os escolhidos de Deus, história da vocação

4.2. Textos ilustrativos

> O povo de Deus não se sentiu povo escolhido, mas apenas após uma longa história e não desde o princípio; refletiu sobre muitos episódios isolados de sua vida como povo e descobriu neles a unidade que em todos podia haver, e assim apareceu a ideia de um povo eleito e essa história da concretização da fé. Não

é por acaso, então, que a fé em Iahweh não tenha começado a ser pregada de uma maneira universal a partir de um princípio, mas depois de uma experiência histórica. Em geral pode-se dizer que a história das religiões é a experiência que os povos fizeram de Deus ao longo da história e, em nosso caso, a história da fé desses povos (X. Zubiri. *El hombre y Dios*, p. 302).

Ser na vida romeiro,
romeiro só que cruza sempre por caminhos novos.
Ser na vida romeiro,
sem mais ofício, sem outro nome e sem outro povo.
Ser na vida romeiro... apenas romeiro.
Que não pesem nem a alma nem o corpo,
passar por tudo uma vez, uma vez só e ligeiro,
ligeiro, sempre ligeiro

(L. Felipe. *Antología rota*. Losada, Buenos Aires, 1977, p. 17)

A vocação não resulta nunca, na realidade, nem proposta, nem preparada, nem deliberadamente feita *por nós mesmos*. Vocaciona (chama-nos) algo, sem que se o espere e até contra a própria vontade. Por outra parte a vocação não vem, sem dúvida alguma, de outro modo que seja comigo no mundo. A vocação vem de mim e, no entanto, sobre mim (Heidegger. *O ser e o tempo*, p. 209).

4.3. Perguntas orientadoras

1. Quantas palavras conheço com a mesma raiz de vocação?
2. Diferença entre ser vocação e ter vocação.
3. Crise de vocações e possibilidade de uma purificação vocacional.
4. Como se entende a palavra vocação em meu contexto familiar, social, de trabalho?

5. Relação entre vocação e chamado.
6. Distinguir entre vocação, informação e formação.
7. Por que se dá um predomínio da informação sobre a vocação?
8. Que relação há entre vocação e responsabilidade?
9. Como se distinguem e se relacionam vocação, consciência e missão?
10. Quem me chama na vocação: a natureza, a pátria, os outros, eu mesmo?
11. Pode haver vocação sem missão?
12. Que relação tem a missão com a própria pessoa e com os outros?
13. Relação entre vocação e Deus. Por que dizemos que Deus chama?
14. Por que dizemos que Israel é povo vocacional?
15. Como se relacionam em Israel vocação e eleição?
16. Distinguir e relacionar vocação e aliança.
17. Por que dizemos que a vocação não se impõe?
18. Que histórias de vocações existem no Antigo Testamento?
19. Por que escolhemos as narrações sobre Abraão e Moisés?
20. Que profetas oferecem uma versão autobiográfica de sua vocação?
21. Como se relaciona a vocação de Israel com a vocação de outros povos?
22. Quais são os momentos fundamentais de minha própria vocação?
23. Como distingo e relaciono vocação e religião?

CAPÍTULO 2
Abraão, vocação de patriarca (Gn 12,1-9)

Conforme a visão da Escritura, a história propriamente humana começa em Abraão, com o chamado de Deus que abre aos homens um caminho de promessa e bênção. Até então só encontramos relatos gerais que apresentam a origem e o pecado, o surgimento e expansão dos diversos povos da Terra (Gn 1–9). Esses povos se dividem e se estendem pela mesma força criadora da bênção que provém de Deus (cf. Gn 10); mas, ao mesmo tempo, a expansão de suas culturas e suas línguas leva o sinal do orgulho dos homens que quiseram construir a torre antidivina de sua força (Babel) e terminaram perdendo-se, enfrentados na batalha, sobre todos os caminhos da Terra (Gn 11,1-9).

Entre esses povos aparecem destacados na Bíblia os semitas que habitam na terra de Mesopotâmia: em Ur dos Caldeus, perto da foz do Tigre e do Eufrates. Seguindo os caminhos do "Crescente fértil", que conduz dali até o Egito, uma família de semitas veio a estabelecer-se em Harã, na região do Alto Eufrates (atualmente o sul da Turquia). Era um cruzamento de rotas, no caminho do Oriente (Mesopotâmia, Pérsia, Índia) ao Ocidente (Síria, Palestina, Egito).

Precisamente ali a Escritura situa Abraão, no momento em que Deus vem chamá-lo. A tradição o apresentará na sequência como um "arameu", um homem de caminhos. Ele será a origem do povo israelita e de outros povos ou, melhor dizendo, culturas religiosas que foram e continuam sendo importantes na história. A Escritura o apresenta como pai mais ou menos direto de vários povos do Oriente: de Ló, seu sobrinho (e protegido) descendem moabitas e amonitas; de Ismael, filho de sua escrava Agar, surgiram os ismaelitas (árabes); de Isaac, filho de Sara, sua esposa legítima, provêm Esaú (que é o pai dos edomitas) e Jacó-Israel (pai dos hebreus).

Conforme a visão oficial das Escrituras, desenvolvida em Gn 12–50, os herdeiros autênticos de Abraão, ou seja, de sua promessa político-religiosa, foram os israelitas: eles transmitiram a história de sua vocação (chamado de Deus e compromisso humano). Mas os israelitas se encontravam vinculados com outros povos do entorno que também podiam apresentar-se como portadores de tradições abraâmicas. Esses povos desapareceram na atualidade, absorvidos que foram pelas novas ondas culturais: já não há idumeus, moabitas ou amonitas. Mas a tradição de Abraão e seu chamado se manteve viva, dando origem a dois grupos religiosos e culturais muito significativos na história humana: cristãos e muçulmanos.

Tanto os cristãos como os muçulmanos se apoiam nas tradições israelitas do chamado de Abraão (recolhidas em Gn 12–25 e especialmente em Gn 12,1-9), como agora indicaremos. Mas uns e outros desenvolveram essas tradições numa linha nova: os cristãos interpretam Jesus como o autêntico herdeiro de Abraão, acrescentando que em Jesus podemos ser descendentes (espirituais) do patriarca; os *muçulmanos* acentuam uma linha genealógica que encontramos marginalizada na Bíblia (a de Ismael, filho ilegítimo), para destacar depois a união de Abraão e desse filho com o santuário de Meca, onde se encontraria a autêntica memória do patriarca.

Por tudo isso, falar da vocação de Abraão significa colocar-nos no ponto de partida de uma das tradições culturais e religiosas mais importantes da humanidade.

A vocação de Abraão foi fixada e transmitida em um texto muito importante da história e teologia israelitas: Gn 12,1-9. Não estudamos aqui sua origem e possível vinculação a um documento antigo, já perdido (o J, ou Javista). Tomamos o texto como está agora, vendo-o como princípio de toda vocação, em chave bíblica:

^{12,1}E Iahweh disse a Abrão:

– Sai da tua terra, da tua parentela e da casa de teu pai, para a terra que te mostrarei.

^{2}Eu farei de ti um grande povo, eu te abençoarei, engrandecerei teu nome; sê uma bênção! ^{3}Abençoarei os que te abençoarem, amaldiçoarei os que te amaldiçoarem. Por ti serão benditos todos os clãs da terra cultivada.

^{4}Abrão partiu, como lhe disse Iahweh (e Ló partiu com ele, Abrão tinha setenta e cinco anos quando deixou Harã. ^{5}Abrão tomou sua mulher Sarai, seu sobrinho Ló, todos os bens que tinham reunido e o pessoal [= escravos] que tinham adquirido em Harã; partiram para a terra de Canaã, e aí chegaram). ^{6}Abrão atravessou a terra até o lugar santo de Siquém, no carvalho de Moré (da Visão). Nesse tempo os cananeus habitavam nesta terra.

^{7}Iahweh apareceu a Abrão e disse:

– É à tua posteridade que eu darei esta terra.

^{8}(Abrão) construiu aí um altar a Iahweh, que lhe aparecera. Daí passou à montanha, a oriente de Betel, e armou sua tenda, tendo Betel a oeste e Hai a leste. Construiu aí um altar a Iahweh ^{9}e invocou o seu nome. Depois, de acampamento em acampamento, foi para o Negueb.

(Gn 12,1-9)*

---

* N.T.: Adotamos aqui a tradução da Bíblia de Jerusalém (São Paulo, Paulus, 2002), afastando-nos dela apenas quando o texto proposto pelo autor o exigir.

O texto parece unitário e ordinariamente é atribuído a uma tradição chamada J (Javista), menos as palavras de 12,4b-5, que colocamos entre parênteses: elas são mais detalhistas e poderiam ter sido acrescentadas por um redator posterior. Seja como for, não entraremos em disputas de tipo redacional. Tomamos o relato como está e assim queremos estudá-lo do ponto de vista de seu tema principal: a vocação de Abraão como pai e princípio do povo israelita.

Do ponto de vista temático e ainda literário o texto pode ser dividido de diversas formas. Assim haveria uma *primeira parte* centrada na palavra de Iahweh (*wayy'omer*: 12,1), seguido pelo cumprimento de Abraão (*wayyellek*: 12,4); ela seguiria, portanto, o esquema de palavra-ação, abarcando de 12,1 a 12,6. Haveria uma segunda parte (12,7-9), centrada no esquema teofânico da manifestação de Deus (*wayyira*; 12,7) e na construção de um altar (*wayyiben... mizbeah*). Este esquema é válido e, de alguma forma, define todo o conteúdo do texto, centrado na dupla atividade de Deus que fala (12,1) e que se revela (12,7). Todavia, preferimos seguir um esquema que resulta menos complexo, dividindo o texto em duas partes gerais: uma primeira centrada na palavra de Deus (12,1-3) e uma segunda no cumprimento dessa palavra, que inclua tanto a saída-peregrinação de Abraão como a manifestação de Deus e a construção do santuário (12,4-9). Seja como for, a divisão do texto resulta um elemento secundário; por isso, ainda que distingamos as duas partes, vê-lo-emos como um todo, analisando uma por uma suas palavras principais.

1. A palavra de Deus (Gn 12,1-3)

Conforme o que indicamos, dividimos Gn 12,1-9 em duas partes. Na primeira se revela a palavra fundante de Deus (Gn

12,1-3); na segunda se apresenta seu primeiro cumprimento, no caminho de Abraão, que toma posse simbólica da terra prometida, edificando nela os altares que marcam o sentido da presença de Deus na Terra (12,4-9). E assim começamos com o texto.

E Iahweh disse a Abraão: parece que voltamos ao princípio (Gn 1), onde Deus aparecia criando através da palavra. Estamos diante de um novo começo. A obra criadora de Deus, que parecia perder-se entre o pecado do homem e suas diversas peripécias, volta a tomar aqui toda a sua força. É evidente que estamos num momento decisivo, e assim queremos ressaltá-lo:

1) *Iahweh*. Em Gn 1 atuava como *Elohim*, que é o divino, o Deus do cosmos que se expressa no conjunto das coisas. Agora esse Elohim, o divino, aparece como *Iahweh*, o Deus pessoal da história israelita, que já havia aparecido de forma velada em Gn 2–3 (história do paraíso-pecado) como Deus que leva Adão ao plano da responsabilidade moral, tomando o nome de *Iahweh-Elohim*. Agora é simplesmente Iahweh, o Deus que se revela em profundidade, entrando em diálogo de eleição e aliança com os homens. Não foi um Elohim qualquer que chamou Abraão, mas o próprio Iahweh, que inicia a história verdadeira de sua revelação.

2) *E disse*. O termo é o mesmo que aparece em Gn 1, em cada um dos dias e momentos da criação: *wayy'ommer* (e disse). Porém, lá quem diz é Elohim, falando com o cosmos, em linguagem que não chega ainda ao nível do pessoal. Quem aqui fala é Iahweh, inaugurando um diálogo livre, de chamado e resposta, de convite e obediência (acolhida) em relação aos homens. Toda a história da salvação (todo o argumento da Bíblia) se encontra contido

nesta expressão: Deus fala para os homens e os homens podem entendê-lo e responder-lhe. O Deus que fala (falou com Abraão e continua falando): este é Iahweh.

3) *Abraão*. Nestes primeiros capítulos (Gn 12–16) o texto o apresenta com o nome *Ab-ram* (o Pai – Deus – é elevado). Mais tarde se diz que Deus mesmo mudou o nome dele chamando-o *Ab-raham* ou *Abraão*, que significaria Deus de muitos (cf. Gn 17,4-8). Aqui não entramos nessa diferença e, de agora em diante, chamaremos o patriarca com o nome mais comum de Abraão. Seja como for, Abraão aqui é o *homem*, é aquele em quem começa a história verdadeira de uma humanidade que em diálogo com Deus se abre à esperança.

Sai. Este novo começo implica uma ruptura em relação a tudo o que foi o caminho precedente dos homens. Sobre o Crescente Fértil, no caminho que vai da Babilônia ao Egito, Deus quis criar uma nova humanidade e para isso começou chamando um homem, fazendo-o romper com todo o anterior e colocar-se dessa forma em caminho criativo. Deus lhe diz *sai*, fazendo-o capaz de colocar-se em marcha rumo ao novo; mas deve ser o homem mesmo a assumir a ruptura, despojando-se de todo o anterior, para receber dessa maneira a nova bênção abordada pelo nosso texto.

A palavra de Deus suscita uma *ruptura*. O homem deve despojar-se daquilo que o prende, que o encerra em sua velha existência. Três são no texto os momentos principais de seu "sacrifício"; três são os valores que Abraão há de deixar para colocar-se assim a serviço da nova bênção de Deus. Só da morte surge assim a vida, como indicaremos:

1) *Terra*. Abraão tem uma terra em que vive, com toda a sua cultura, sua língua, seus deuses. Conforme a visão antiga

(conservada ainda em muitas formas de experiência religiosa e muito especialmente no judaísmo) o homem se encontra definido por sua terra. Dela nasceu; nela encontra seu sentido; a ela retorna pela morte. Pois bem, no começo da nova criação israelita (em Abraão) encontramos uma ruptura em relação à terra.

2) *Parentela* ou talvez *nação*, para conservar o matiz etimológico do termo hebraico *moledet*, de *yalad* (engendrar, fazer nascer). O homem deve a sua nação a identidade, a consciência de si mesmo sobre o mundo. Ficar sem nação significa "morrer" ou perder todo fundamento. Abraão será isso, homem sem raízes, em contexto social e sem passado.

3) *A casa de teu pai*. A *bet-'ab*, casa paterna, é a que oferece ao ser humano um nome, dentro de uma determinada genealogia. Um homem sem família (sem pai) perde sua identidade mais profunda, seu lugar de referência, começa a ser um "ninguém". Toda a história israelita posterior virá a se mostrar como um esforço por conservar a "identidade paterna" (especialmente a partir do exílio, quando se elaboram as genealogias). Pois bem, não podemos ignorar que em seu princípio, no chamado de Abraão, os israelitas surgiram através de uma grande ruptura paterna.

Como acabamos de indicar, a vocação implica aqui uma *morte*: Abraão tem de deixar de ser o que era para nascer (renascer) a partir da palavra de Deus, num caminho criativo. O texto indicará a partir de agora as etapas desse novo nascimento, que definem a história de Abraão e toda a história israelita.

Para a terra que te mostrarei. Ao longo do texto veremos que a terra verdadeira não é aquela que o homem possui por si mesmo, mas aquela que Deus lhe apresentar. Ante a posse imediata (a segurança daquilo que podemos dominar com nossa força), o texto destacou o poder da palavra de Deus: só ela nos pode oferecer a garantia da terra. A partir desta palavra Abraão vem mostrar-se como o homem da fé: mais que naquilo que se vê e se tem deve apoiar-se no que o próprio Deus lhe oferece em sua palavra de promessa.

Eu farei de ti um grande povo, eu te abençoarei (12,2)... Abraão rompeu com sua nação (*modelet*, parentela) e Deus lhe oferece agora um *grande povo*: será princípio de vida para muitos; sua ruptura será fonte de existência. Outros povos nascem das forças naturais da vida, da Terra e da história. O povo de Abraão *(goy gadol)* nascerá da palavra; por isso sua grandeza não poderá ser medida em termos de força da terra, mas em chave de *bênção* divina.

Todo o versículo 12,2 está construído em forma de paralelismo onde se repetem os dois termos principais *grandeza e bênção*. Ambos vão unidos, ambos se vinculam, apoiando-se na palavra de Deus. Dessa forma, Abraão supera os esquemas antigos do mundo, vinculados à pequenez de uma vida que é luta e conflito, para vir a desvelar-se com a *bênção*. Assim culmina o texto, e em algum sentido todo o Antigo Testamento: o próprio nome de Abraão (sua vida, sua presença no mundo) será *berakah*, bênção.

O caminho de morte chegou dessa forma a seu final: ali onde Abraão rompe com tudo e vive a partir da palavra de Deus pode converter-se em sinal da obra criadora desse Deus, sendo *bênção* para os outros. Este é o caminho da vocação: Deus faz com que aqueles que ele chama se libertem de todo o anterior e dessa forma, convertidos em nova criação, mostra-os como mediadores de promessa (e vida) para o resto dos homens.

Abraão não pode mais retornar ao passado (ao contrário de Ulisses, que depois de seu périplo encontra novamente sua casa e sua família em Ítaca). Abraão saiu para um caminho sem retorno. Já não é de si mesmo, não se pertence: está nas mãos da palavra de Deus que o converte em princípio de bênção sobre a terra (ou seja, para os outros). E com isto entramos no *grande talião* do paralelismo que vem a seguir.

Abençoarei os que te abençoarem, amaldiçoarei os que te amaldiçoarem. Esta palavra nos situa no centro do grande paradoxo israelita. Recordemos que Abraão é um *ger*: a palavra de Deus o tornou *estrangeiro* e caminhante pelo mundo; perdeu todas as garantias legais e vitais: não tem uma terra onde assentar-se (enraizando ali sua vida); não tem nação que o defenda ou o vingue, nem uma grande família que o ame... Juridicamente é um *ninguém*, como um Caim errante pelo mundo (cf. Gn 4,14). Dentro do contexto social antigo a vocação de Abraão e seu caminho pelo mundo só pode entender-se como "suicídio".

Pois bem, ali onde deixou tudo, ali onde aparece sem nenhuma garantia de proteção social e vida, Abraão vem descobrir que *Deus mesmo é sua defesa*, é seu *go'el*, vingador ou redentor no sentido mais forte desse termo. A palavra de Deus, arrancando Abraão de suas raízes, colocando-o nu e impotente sobre todos os caminhos de perigo deste mundo, em atitude ou promessa de esperança, apresenta-se dessa forma como a maior e mais intensa dos possíveis paradoxos: sobre todas as garantias nacionais e legais, sobre todas as riquezas materiais (terra) e morais (família) se eleva agora a promessa de Deus.

Abraão não tem nada, só seu caminho. Mas ali onde deixou (perdeu) as velhas garantias que permitem viver neste mundo, acaba por descobrir um tipo de presença protetora superior.

Deus mesmo será sua terra, sua nação e sua família. Assim o proclama solenemente esta palavra: *Abençoarei os que te abençoarem...*

O paradoxo é, enfim, completo. Por um lado Abraão é o mais pobre dos pobres do Oriente: Deus não o dirige por caminhos de grandeza, nem se lhe revela pelo triunfo externo do dinheiro e do poder sobre a Terra. Mas se olharmos as coisas de outro modo, Abraão é o mais rico: tem a palavra de Deus, a promessa de sua proteção. Esta promessa foi expressa, de acordo com a visão jurídica mais profunda desse tempo, na chave do *talião divino*: abençoarei, amaldiçoarei... Deus mesmo será a garantia de vida para o homem que escuta sua palavra.

Isto significa que Abraão, fazendo o mais profundo (deixando tudo e saindo nu para o caminho), não pode nem deve expandir de maneira impositiva a bênção de Deus sobre a Terra. Não se expande pela força do dinheiro ou das armas. Israel, povo de Abraão, há de ficar como pequeno povo nas mãos dos grandes impérios da Terra. Sua missão não é conquistar, não é impor, mas ficar ali no centro como sinal de uma nova bênção; daquela que se logra através da obediência à palavra. Por isso haverá de ser o próprio Deus que abençoará-amaldiçoará, ou seja, que expressará entre os povos o sentido dessa nova vocação.

Estamos na linha do *triunfo da debilidade*. Sendo chamado por Deus, Abraão renuncia a todo poder, renuncia a defender-se. Será o próprio Deus quem o defenderá, como *go'el* ou protetor mais alto. Dessa forma, o restante dos homens e povos do entorno acaba por ficar situado por meio deste Abraão perante o mistério da bênção (ou destruição) divina. Isto significa que acima das normas deste mundo (que determinam o triunfo externo dos povos e dos homens) existe e se revela por Abraão um tipo de norma superior, fundada nisso que poderíamos chamar de gratidão (não imposição do convocado) e a providência do Deus que o convoca.

Deus deixa Abraão como peregrino: sem defesa humana, nas mãos dos grandes povos da Terra, numa linha depois assumida por Mt 25,31-46, ao afirmar que o próprio Cristo de Deus se fez "exilado" ou peregrino entre os homens. Seu caminho é verdadeiramente uma aventura. Mas pode e deve percorrê-lo porque Deus mesmo o convida e ao fazê-lo lhe promete sua assistência. Descobrimos dessa forma que a *fé de Abraão* não é nenhuma espécie de afirmação abstrata ou teórica sobre a verdade de alguns enunciados teológicos. A fé é a confiança no caminho da vida: é arriscar-se a deixar tudo e rumar, no ideal da graça, para a nova terra da humanidade na qual habita a justiça. Dessa forma, quem crê em Deus fica nas mãos da possível violência deste mundo.

Por ti serão benditos todos os clãs da Terra. A palavra de Deus não situou Abraão perante a pura casualidade ou fortuna da Terra, perante a roleta ou loteria do bem-mal. Por isso, ante o primeiro momento em que parece que a bênção e maldição possuem a mesma dignidade ou força, o texto acrescenta uma palavra de futura bênção universal que pode e deve ser interpretada em vários planos:

a) *Deus* quer realizar sua obra de bênção e vida sobre o mundo: não está à espera daquilo que decida a sorte dos homens. Quer bênção e está seguro de alcançá-lo de maneira que sua obra (retornamos aos textos de Gn 1–3) termina sendo positiva.

b) *Abraão* poderá alcançar sua meta (a terra prometida) de maneira imediata (ele mesmo) ou por seu povo, ou seja, por aqueles que seguem seu caminho. Esta palavra nos situa diante do resultado futuro (israelita) do chamado: a mediação daqueles que deixam tudo por mostrar sobre a Terra que a função da palavra tem sentido, alcançará sua meta.

c) *Os povos* ou estirpes da Terra (apresentadas com o nome hebraico clássico de *mishpahoth*) têm também um sentido. Isso significa que Abraão deixou sua nação (seu lugar de vida, sua defesa própria) para que as nações dos homens possam encontrar sua verdade, vivendo também a partir da palavra de Deus e não em um gesto de pura imposição ou força.

Quero destacar um pouco mais este momento. Abraão não veio destruir os velhos vínculos que a história dos homens vinha traçando. Esses vínculos, que agora aparecem como povos, estão cheios de sentido, são lugares da presença de Deus. Isso significa que Abraão (o povo de Israel) não quer a destruição dos restantes povos da Terra; não quer conquistá-los pela força, tampouco aniquilá-los. Quer apresentar-se no meio deles como germe da nova humanidade que se encontra fundada na palavra. A vocação (a ruptura anterior) se mostra dessa forma como princípio de uma intensa renovação humana.

2. Resposta de Abraão.
O itinerário da vocação (Gn 12,4-9)

O texto não fala apenas do chamado de Deus, mas também da grande resposta humana: Abraão escutou a voz e "obedece" (de *ob-audire*), ou seja, converte-a em princípio de seu novo caminhar sobre a terra. Já não vive apenas de sua biologia ou dos conflitos e interesses da história. A palavra de Deus o marcou; ela define e conforma sua existência.

Abraão partiu (12,4). O gesto de Abraão (*wayyelek*) responde expressamente ao chamado de Deus (*lek-leka* de 12,1). O velho patriarca se define assim como peregrino no mundo. Mas é peregrino que não sabe onde achará seu santuário: sai de sua terra, confiando na palavra de Deus, sem conhecer o que será sua meta. É evidente que em Abraão se encontram refletidos todos os israelitas (e crentes) posteriores que interpretam a existência a partir de um caminho que se apoia na palavra de Deus.

E Ló partiu com ele. Abraão escutou solitário a palavra, mas logo é capaz de conseguir com que seu sobrinho, um órfão que estava sob seu cuidado (cf. Gn 11,31), o acompanhe. Este dado pode ser interpretado de duas formas: como expressão do cuidado de Abraão, que não pode abandonar seu sobrinho no caminho; ou como sinal de sua capacidade de convencimento, pois conseguiu comprometer em sua própria aventura de fé o familiar mais próximo.

Abraão tinha setenta e cinco anos. Também este dado pode ser interpretado de várias formas. Olhado na perspectiva dos patriarcas antediluvianos, que viviam cerca de mil anos (cf. Gn 5), Abraão era ainda um jovem: este é o momento das grandes decisões, de casar-se, ter filhos. Mas se olharmos o tema a partir de uma chave pós-diluviana descobrimos que os patriarcas, filhos de Set, se casam e geram em torno dos trinta anos, com a exceção de Taré, pai de Abraão (Gn 11,10-32), que gera aos setenta anos. Do mesmo Abraão se dirá que morreu aos cento e setenta e cinco anos (Gn 25,7-8). Isto significa que já estamos no tempo de transição entre os primeiros patriarcas que viveram (simbolicamente) quase mil anos e os homens concretos da história que aos setenta e cinco anos teriam de morrer (cf. Sl 90,10).

Do ponto de vista da *nova história* Abraão era um ancião, e assim o apresenta a narração que se segue, sobretudo no que se refere à promessa de descendência (cf. Gn 15,1-2; 17,17; 18,11).

Precisamente no momento em que a vida humana deveria ter terminado, ali na exata fronteira de sua morte, começa para Abraão a verdadeira vida. Como pano de fundo do chamado são importantes os anos biológicos; mas, em algum sentido, eles ficam transcendidos pelo próprio poder da palavra de Deus que pode ser entendida como um tipo de *novo nascimento*. A vida verdadeira começa agora: se não tivesse recebido este chamado, se não tivesse respondido pondo-se a caminho, no sentido mais profundo, Abraão haveria morrido sem nascer, não teria sido. Sua resposta é o verdadeiro nascimento.

Abrão tomou sua mulher Sarai, seu sobrinho Ló... e o pessoal (escravos) que tinha adquirido em Harã. A tradição de Abraão ressaltará tarde sua "solidão" profunda diante do mistério criador da palavra (quando se lhe pede entregar em sacrifício seu filho Isaac, o portador e garantia das promessas; cf. Gn 22). Porém, em outro nível descobrimos que Abraão não se encontra só: Deus o chama como o cabeça do grupo e com o grupo inteiro (sua casa: formada por parentes, que estão sob seu cuidado, por esposa e por criados-servos) se põe a caminho. Em algum sentido, ele aparece desde o princípio como portador de uma vocação compartilhada, ainda que devamos acrescentar que Ló e Sara, criados e criadas, carecem de personalidade estrita: eles não podem ainda decidir; estão incluídos no grande caminho de Abraão. Só ao final desse caminho (no judaísmo rabínico e de um modo ainda mais expresso no messianismo cristão) a vocação acabará sendo algo claramente pessoal, chamado dirigido por Deus a cada um (seja homem ou mulher).

De toda forma, não nos esqueçamos de que toda vocação continua abrindo um espaço de comunicação humana: ninguém recebe um chamado apenas para isolar-se, mas para expandi-lo e, em algum sentido, compartilhá-lo com os outros. Isto é o que vemos em Abraão; através dele foram chamados, em algum sentido, seus criados e parentes. Em outro plano ainda mais profundo (expresso de diversas formas por judeus, cristãos e muçulmanos), nós, os crentes monoteístas, recebemos um chamado de Deus em Abraão: nele estamos incluídos todos; recebemos a palavra que nos pede para deixar a terra (casa, nação) velha para buscar a nova, prometida e almejada terra da humanidade.

Partiram para a terra de Canaã, e aí chegaram. Alguns pensam que estas palavras foram introduzidas por um redator posterior (e assim as deixamos entre parênteses). Deus ainda não disse a Abraão para onde deve dirigir-se. Por que este vem a Canaã? Pode-se responder de duas maneiras: o redator (que já sabe o que se vai passar e sabe que a terra prometida é Canaã) nos faz ver que Abraão já está cumprindo a promessa, sem ainda se dar conta disso; mas também se pode pensar que Abraão faz a única coisa que se pode fazer naquele momento: tomar a rota do Crescente Fértil e por ela caminha com todos os caminhantes da história.

Olhemos de novo um mapa bíblico: estamos em Harã, no centro de uma meia lua; seguindo a lógica da marcha, Abraão tem de se dirigir pela Síria e Canaã até o extremo do Egito. Já está em Canaã, mas não sabemos ainda se será esta a terra prometida. Para isso faltam outros dados, novos sinais e assim o irá mostrando o texto seguinte.

Abrão atravessou a terra até o lugar santo de Siquém, no carvalho de Moré (da Visão) (Gn 12,6). Abraão deixou tudo para seguir a palavra de Deus. Mas, ao mesmo tempo, vai *buscando* a Deus, como indica o fato de que vem até o *maqom* ou santuário de Siquém. Talvez pudéssemos dizer que vem encarnando-se religiosamente pela terra que atravessa. Neste sentido advertiremos que a mesma palavra de Deus o levou a buscar a palavra divina nos lugares do caminho onde há homens que também buscam a Deus. Nessa mesma linha há que se entender a referência ao *carvalho de Moré*. Na Palestina eram abundantes as árvores sagradas, vinculadas mais tarde com o culto aos "baals" que os judeus condenaram. Nesse momento não há ainda rechaço, mas forte ligação com o anterior (o texto recorda que à época *os cananeus habitavam nesta terra*).

Abraão chega ao santuário do *carvalho de Moré* (que é carvalho de visão ou instrução-revelação, como indica o próprio nome de *Moré*, relacionado com *yarah*, *torah* etc. Abraão se acerca do local de culto e instrução, de oráculo) que existe no centro da cidade de cananeia, para receber ali uma palavra nova de seu Deus.

Iahweh apareceu a Abraão. De pronto, no meio do caminho da vida, o tempo da busca humana se rompe e Deus intervém novamente, com o nome próprio de Iahweh.

No princípio estava só a palavra (*wayy'ommer*; Gn 12,1). Agora temos a visão (*wayyera'*; Gn 12,7); Deus mesmo se desvela e se mostra a Abraão, de forma pessoal, como Iahweh descobrindo-lhe assim sua presença nesta terra. Estamos no centro de uma dialética muito significativa:

a) *Abraão busca em uma terra de passagem*, junto ao santuário antigo (cananeu) de Siquém, sob a árvore sagrada das revelações.

b) *Iahweh se lhe mostra de maneira nova*, como o Deus que o chamou, dizendo-lhe que saia de sua terra; esteve esperando-o aqui, neste lugar preciso, cumprindo sua palavra e declarando assim a santidade desta terra.

De agora em diante, Siquém não será significativo (para os israelitas) por conta de seu velho santuário cananeu, mas porque Iahweh se revelou a Abraão naquele lugar, mostrando-lhe seu rosto (sua presença em uma terra concreta). O próprio carvalho da visão (oráculo) deixou de ser sagrado por conta do culto antigo e adquire sentido a partir da manifestação de Iahweh.

A visão é importante, como expressão da presença de Deus, que se vincula com Abraão (e seus descendentes) em uma terra determinada, cujo centro é Siquém. Mas o texto não quis destacar a visão e assim nos leva de maneira direta à palavra, que se liga com a anterior (sai da tua terra...) para cumprir o que nela se havia prometido (sai... para a terra que te mostrarei). Significativamente, Deus já não sacraliza um lugar ou terra, mas "se mostra a si mesmo", prometendo-lhe a terra, mas não para ele e sim para seus filhos: É à tua posteridade que eu darei esta terra (Gn 12,7). É muito importante indicar as transposições do texto:

a) Passa-se da terra ao próprio Deus. Iahweh já não quer sacralizar "a terra" para que o homem tenda a encerrar-se nela. Sobre esta terra o próprio Deus que atua "aparece". Deus é o importante.

b) À tua posteridade... Abraão não vive para si, mas para seus descendentes; não se fecha em si, tende a eles, num caminho que continua a fazê-lo peregrino de esperança sobre o mundo: sua própria vida se torna, dessa forma, voltada para o futuro da vida de seus filhos.

A promessa da terra se converte assim em promessa de futuro. Ambas as palavras (promessas) vão unidas. Isso significa que Abraão, recebendo de algum modo o cumprimento daquilo que lhe fora dito, continua em seu caminho. A palavra de Deus se explicitou na forma de um novo chamado para o futuro, de tensão rumo à vida que há de vir em terra e descendência.

Abraão construiu aí um altar a Iahweh, que lhe aparecera. Elevar um altar significa aceitar a palavra de Deus, respondendo a ela com gratidão. O altar (*mizbeah*) é o lugar onde os homens sacrificam (*zabah*), mostrando sua fé em Deus e dando-lhe graças. Se Abraão eleva um altar é porque crê, porque admite a palavra de Deus, porque permanece firme em sua esperança. Mas agora há um sinal no caminho da espera: a aparição de Deus (a certeza de sua presença) e o altar edificado sobre a terra, como memorial de uma experiência transformadora, como sinal de sacralidade.

O altar, que pertence a quase todas as grandes tradições religiosas (como mesa de encontro entre Deus e os homens), veio a converter-se em sinal de aceitação da promessa (vocação) de Deus. Ali onde a promessa se cumpre, em gesto de revelação divina e nova promessa de Deus (para sua posteridade darei esta terra), Abraão constrói o altar, inaugurando dessa forma o culto israelita. Assim podemos resumir os traços que temos visto até agora:

a) *O chamado de Deus* constitui o momento desencadeador de todo o processo; ele põe em marcha o caminho da nova história dos homens.

b) *O caminho*: Abraão escuta o chamado e converte sua vida em espaço, peregrinação criadora; não tem nada próprio, por isso considera todo o mundo como seu.

c) *A revelação*: a palavra de chamado (vocação) se torna sinal de presença, em um lugar determinado (Siquém, o carvalho de Moré); dessa forma, a história da promessa fica vinculada a uns sinais onde ela se explicita e fortalece.

d) *O altar*: Abraão responde à revelação de Deus fixando um sinal sagrado no solo, criando assim um "espaço religioso"; seu altar é garantia da presença de Deus e compromisso de resposta humana, em gesto agradecido, religioso.

Normalmente, a história deveria terminar aqui, como *hieros logos* ou lenda sagrada de um santuário (Canaã). Mas esse final teria sido contrário ao espírito da promessa de Abraão e ao conteúdo mais profundo da experiência israelita. Abraão não pode terminar seu caminho religioso edificando um altar e ficando ali parado, convertido em sacerdote de um templo. Todos os altares são etapas de um caminho que continua aberto, dirigido ao futuro a que as promessas apontam. Por isso nosso texto continua dizendo que Abraão *passou à montanha, a oriente de Betel... armou sua tenda... Construiu aí um altar... e invocou o nome de Iahweh*.

Esta última notícia (sobre o altar de Betel) deve ser vista em relação com o que se lê em Gn 28,11-22, o sonho de Jacó, com a visão da presença de Deus, a escolha de uma estrela sagrada e a promessa de construir um santuário. Este último relato se apresenta mais desenvolvido e oferece uma visão mais precisa da origem do santuário de Betel (= *casa de Deus*). No entanto, a tradição de Abraão, recolhida em nosso texto (Gn 12,8), resulta também muito significativa. Olhemos um mapa da Palestina. O patriarca continua dirigindo-se para o sul, tomando posse "prospectiva" (em promessa) da terra de Canaã. Tudo o que percorre é território de Iahweh; por isso constrói outro altar e o invoca, isto é, institui seu culto.

O texto disse que Abraão *armou sua tenda*. Armou-a para logo levantá-la (esse é o sentido de Gn 12,9), no caminho que o vai levando da mão de Deus ao cumprimento definitivo da promessa. Recebeu um sinal. Deus se mostrou a ele e ele responde, tanto em Siquém como em Betel, construindo um altar, ou seja, deixando marcas de mistério em seu caminho e abrindo assim espaços de experiência religiosa para seus descendentes que, conforme a promessa, viverão nessa terra.

A mesma dinâmica da vocação faz com que Abraão nunca descanse: caminha, mora em tendas (sem terra firme, sem terra própria); mas em seu próprio caminho, fundado na palavra de Deus, vai oferecendo sinais e princípios de vida para seus descendentes. Esta é a vocação: viver da palavra e abrir campo de esperança para outros. Como semente de fruto semeada na terra: isso é a passagem de Abraão pelos diversos lugares da geografia de cananeia. Semente de transformação é seu caminho. Assim converte os velhos santuários pagãos, centrados na pura sacralidade do homem e da terra (Siquém, Betel ou casa de Deus), em templos novos onde se celebra (se recorda e antecipa) a promessa.

É significativo o fato de que neste primeiro momento da peregrinação de Abraão não apareça Jerusalém, um motivo que será fundamental para a tradição posterior e que foi integrado nas memórias do patriarca em Gn 14,18-24. Por ora, Abraão segue seu caminho, e pelas pegadas do Crescente Fértil desce até o Negueb, para tomar logo o caminho da fome (e desejo de abundância) que conduz ao Egito (Gn 12,10). Mas com isto rompemos o esquema de vocação fundante de nossa passagem e passamos a outros temas. Gn 12,1-9, a partir da palavra de Deus ouvida em Harã, até o caminho que leva ao Negueb ou sul de Canaã, nos introduziu na dinâmica misteriosa da vocação de Abraão e de seu primeiro cumprimento.

3. A permanência de Abraão: judeus, cristãos, muçulmanos

Alguém poderia falar do *mito de Abraão*. Nós preferimos referir-nos a seu *símbolo fundante*. Quando os crentes das grandes religiões se referem ao *legislador*, tratam de Moisés; quando aludem ao *Messias*, citam Jesus; como profeta sem mais, pensam em Mohammed. Mas no fundo, como princípio de um caminho que leva à lei (Moisés), ao messianismo (Cristo) ou à profecia (Mohammed), colocam a figura de *Abraão, o homem da fé, o patriarca*. Em seu chamado se encontra o germe das grandes religiões: o ponto de partida de um *caminho de fé* compartilhado por todos os crentes monoteístas, mas logo interpretado de maneiras distintas por cada grupo.

Isto significa que a história de Abraão se explicitou como uma *tradição aberta*, um caminho que pode conduzir a lugares distintos, partindo de uma mesma vocação fundante (patriarcal). Assim o mostraremos de maneira breve no que se segue, tratando primeiramente do judaísmo, a seguir do islã (que julgamos mais próximo ao judaísmo) e finalmente do cristianismo, que reinterpretou em chave universal e messiânica as promessas de Abraão.

Os herdeiros imediatos de Abraão são os israelitas, como indicam os capítulos centrais que Gn 12–25 dedicou ao tema. Eles se consideram descendentes diretos (nacionais) da promessa de Abraão, numa linha na qual ficam excluídos primeiramente Ló e seus filhos amonitas e moabitas (cf. Gn 13 e 19) e logo Ismael, filho ilegítimo de Abraão, com seus descendentes ismaelitas (cf. Gn 16 e 21,9-21). Os israelitas, de quem haverão de se separar os filhos de Esaú (idumeus; cf. Gn 27; 33; 36), serão somente os filhos de Jacó (doze tribos) que aparecem dessa forma como herdeiros autênticos da fé de Abraão e seu chamado. Por isso se vinculam de maneira direta à terra de Canaã (considerada como terra das promessas), interpretando o chamado e vocação do velho patriarca como princípio de um pacto que Deus estabelece com o povo eleito enquanto tal. Assim o fixou de forma clássica e definitiva Gn 17, um texto que costuma ser atribuído à tradição algo tardia dos sacerdotes de Jerusalém (Código P ou sacerdotal);

> Estabelecerei minha aliança entre mim e ti, e tua raça depois de ti, de geração em geração, uma aliança perpétua, para ser o teu Deus e o de tua raça depois de ti. A ti e à tua raça depois de ti, darei a terra em que habitas, toda a terra de Canaã, como possessão perpétua, e serei o vosso Deus. [...] Quanto a ti, observarás a minha aliança, tu e tua raça depois de ti, de geração em geração. E eis a minha aliança [...]: fareis circuncidar a carne de vosso prepúcio, e este será o sinal da aliança entre mim e vós (Gn 17,5-12)

Uma terra, um povo, um sinal de pacto (a circuncisão). Estes são os elementos fundamentais da interpretação judaica da vocação de Abraão. Neste sentido interpretaram sua história não só os sacerdotes de Jerusalém (código P; Gn 17), mas o próprio grande esquema teológico do deuteronomista, tal como vem a refletir-se no capítulo final do Hexateuco (Gn–Js), concluída a conquista da terra. Cumpriu-se a promessa, ao menos em sentido material. Os descendentes de Abraão conseguiram superar todos os perigos e vieram a conquistar a terra. Josué, líder conquistador, os reúne em Siquém, precisamente o lugar onde se conserva o testemunho do primeiro encontro com Deus na terra cananeia, conforme indicado em Gn 12,6. Este é o tempo do cumprimento e ratificação. O que foi chamado de Deus se converte em exigência de aliança. Assim diz Josué, dirigindo-se em nome de Deus ao povo reunido em assembleia vinculante ou, melhor dizendo, constituinte:

Além do rio Eufrates habitavam outrora os vossos pais, Taré, pai de Abraão e de Nacor, e serviam a outros deuses. Eu, porém, tomei vosso pai Abraão do outro lado do rio e o fiz percorrer toda a terra de Canaã, multipliquei a sua descendência... (continua falando da descendência de Abraão, da descida ao Egito, do êxodo e da conquista da terra cananeia...) Dei-vos uma terra que não exigiu de vós nenhum trabalho, cidades que não construístes e nas quais habitais, vinhas e olivais que não plantastes e dos quais comeis. Agora, pois temei a Iahweh e servi-o na perfeição e na fidelidade; lançai fora os deuses aos quais serviram os vossos pais do outro lado do rio e no Egito, e servi a Iahweh. Porém, se não vos parece bem servir a Iahweh, escolhei hoje a quem quereis servir: se aos deuses aos quais serviram vossos pais do outro lado do rio, ou aos deuses dos amorreus em cuja terra agora habitais. Quanto a mim e à minha casa, serviremos a Iahweh! (Js 24,2-15)

Passaram-se os séculos e os filhos de Abraão, percorrido um longo caminho, conseguiram conquistar a terra das promessas. Pois bem, justamente no centro dessa terra (em Siquém), perante o velho altar do patriarca, eles devem ratificar a vocação antiga, aceitando o chamado e comprometendo-se a segui-lo, em gesto solene de pacto. Aos olhos do redator bíblico, a história do princípio está acabando; fecha-se um primeiro ciclo de promessas e peregrinações. Por fim, o povo de Deus poderá viver sua vocação em uma terra que é sinal de bênção divina. Pois bem, neste mesmo momento, o povo em conjunto deve ratificar, de maneira voluntária, em assembleia solene, o velho chamado de Deus, renovando a fidelidade de Abraão.

Entendida assim, a história volta a seu princípio. Os israelitas do tempo da conquista (e todos os judeus posteriores) se sentem contemporâneos de Abraão e devem ratificar seu próprio compromisso: têm de *deixar seus deuses antigos* (os deuses da Mesopotâmia ou do Egito, em referência clara ao êxodo), para escolher, como fez Abraão, o Deus das promessas em gesto de fé e confiança aberta ao futuro.

Desta forma se acentua um traço que a tradição apócrifa judaica de tempos posteriores e o próprio Corão (Surata 21,51-73) destacou com grande força. *Abraão* teve de abandonar (romper) os ídolos de sua família e de seu povo, para dessa forma encaminhar-se para a terra prometida. Pois bem, de uma maneira semelhante, os israelitas terão de abandonar seus ídolos, ou seja, tudo aquilo que os separa de Iahweh, Deus da aliança. Dessa forma, a vocação (chamado de Deus) se conserva e se concretiza no pacto: aquele que é escolhido por Deus assume a exigência de sua aliança.

Todos os israelitas posteriores, filhos de Abraão na carne, ratificam seu próprio compromisso de fidelidade a Iahweh, tornando-se dessa maneira *filhos de Iahweh* por *eleição* e *pacto*. Isto é algo que deve ser acentuado. A filiação "natural" (nacional) é importante para os judeus, o mesmo que a terra; mas o elemento determinante de sua identidade é a escolha pessoal e o pacto, em unidade com todo o povo. Por isso, todos os judeus são Abraão. Mas há uma diferença. O patriarca antigo foi o primeiro em aceitar o pacto e o fez de maneira direta, a partir do chamado de Deus.

Os israelitas posteriores ratificam o pacto "seguindo o exemplo de Abraão" e através da intervenção ou palavra de homens como Josué que atuam como mediadores. Mas com isto saímos de nosso tema.

Deixamos o judaísmo para nos ocuparmos do Islã. O interesse de Mohammed por recuperar a figura de Abraão depende de vários fatores que agora não podemos detalhar; mas um dos mais significativos é, sem dúvida, a tentativa de buscar as raízes comuns ou universais da experiência religiosa, ultrapassando o nível concreto da identidade israelita: para além de Moisés e da lei, para além da nação judaica e de sua terra (e templo), Mohammed pretendeu descobrir (redescobrir, atualizar) a figura de Abraão como princípio de sua nova experiência profética.

Nessa nova perspectiva, Mohammed (seguindo uma tradição anterior?) recriou poderosamente a figura de Ismael, tratado em Gn 16; 17,25-27; 21,9-21; 25,7-16, com um grande respeito, mas excluído da linhagem direta (jacobita, israelita) da aliança.

Revalorizando a opção e sorte dos perdedores (Agar, a mãe, e Ismael, seu filho, são perdedores em Gn 16–25), Mohammed reescreveu a velha história. Aceita o valor de Isaac e Jacó, da mesma forma que a tradição posterior de judeus e cristãos; mas quer retornar e retorna à pureza da fé de Abraão e a descobre vinculada ao caminho de Ismael. Vocação e aliança de Abraão ficam desta forma vinculadas a Meca, de onde o patriarca veio com seu filho predileto (Ismael) para construir a verdadeira Casa de oração (a Caaba):

> Lembrai-vos que estabelecemos (quem fala é Deus, em plural majestático) a Casa, para congresso e local de segurança para a humanidade; e adotai a Estância de Abraão por oratório. E estipulamos um pacto com Abraão e Ismael dizendo-lhes: Purificai a Minha Casa, para os circundantes, os retraídos, os que inclinam e se prostram...
>
> E quando Abraão e Ismael levantaram os alicerces da Casa, exclamaram: Ó Senhor nosso, aceita-a de nós, pois Tu és Oniouvinte, Sapientíssimo. Ó Senhor nosso, permite que nos submetamos a ti (= que sejamos muçulmanos) e que surja, da nossa descendência, uma nação submissa à Tua vontade (a *umma* muçulmana). Ensina-nos os nossos ritos e absolve--nos, pois Tu és o Remissório, o Misericordioso. Ó Senhor nosso, faze surgir, dentre eles, um Mensageiro (= Mohammed),

que lhes transmita as Tuas *aleyas* (orações) e lhes ensine o Livro, e a sabedoria, e os purifique, pois Tu és o Poderoso, o Prudentíssimo.*

Dessa forma Abraão vem mostrar-se como o verdadeiro *hanif*, crente que se entrega nas mãos da vontade de Deus; o Corão o apresentou como o verdadeiro muçulmano que, superando as limitações de judeus e cristãos, deixou em Meca, para seus descendentes carnais (os habitantes do lugar) e para todos os seus descendentes espirituais (os que se submetem a Deus ou muçulmanos) um exemplo de oração, um testemunho de fé e um lugar de encontro e peregrinação que é a Caaba (cf. Surata 3,68).

Mohammed se considera o descendente prometido de Abraão (talvez em polêmica direta contra aqueles cristãos que concebem Jesus como herdeiro da promessa do patriarca – cf. Gl 3,16). Dessa forma se estabelece entre Mohammed e Abraão uma relação direta de correspondência e planificação. Os judeus, da mesma forma que os cristãos, teriam adulterado a mensagem de Abraão: por isso já não são seus verdadeiros herdeiros. Além disso, a terra prometida das peregrinações de Abraão não é Jerusalém (ou Palestina), mas Meca (cf. Surata 2,144). Ali devem ir os crentes de todo o mundo, em peregrinação santa, para repetir o caminho de Abraão e para atualizar sua religião (cf. Surata 3,96-97; 2,196-203; 22,26-32).

Mohammed e os muçulmanos "redescobriram" desta forma o universalismo da vocação de Abraão, ao apresentá--lo como amigo de Deus e o primeiro de todos os crentes. A promessa de sua descendência carnal já se cumpriu com a

---

* N.T.: Utilizamos, na tradução do Corão ao português, a versão preparada por Samir el Hayek (11. ed., São Paulo, Marsam, 2001), afastando-nos dela apenas quando o texto em espanhol trazido pelo autor assim o exigia.

pregação de sua mensagem para os árabes, em Meca, por meio de Mohammed (cf. Surata 2,124-134; 14,31-41; 22,23-37).

Através da expansão muçulmana, a vocação (e fé) de Abraão se comunica aos restantes povos da terra; todos estão chamados a ratificar sua própria fidelidade teísta, rompendo com os ídolos (Surata 21,51-73) e adorando o único Deus verdadeiro, para formar assim a nova e única comunidade dos crentes.

Também a tradição cristã recriou a vocação de Abraão, em gesto que resulta paralelo (e provavelmente precursor) ao de Mohammed, em dois lugares-chave da tradição paulina: Gl 3-4 e Rm 4. Não podemos aqui estudar em detalhe os aspectos dessa reinterpretação messiânica do tema. Por isso nos limitamos a expô-los em esquema geral:

1) *O descendente de Abraão é Cristo*, como afirma expressamente Gl 3,16. Deus já não promete uma terra material, mas uma forma de vida plena ou *filiação divina*. Pois bem, em Cristo que é herdeiro de Abraão e Filho de Deus, todos os crentes recebemos a promessa: tornamo--nos herdeiros e filhos de Deus (Gl 4,1-7).

2) *A lei perde assim sua prioridade* e se converte em "pedagogo" educador que mantém submissos os filhos--herdeiros, até que chegue sua maioridade, ou seja, até que se cumpra a promessa da herança. Pois bem, a lei é o judaísmo concreto, vinculado às normas nacionais fixadas por Moisés. Por isso, à chegada do descendente verdadeiro essa lei (povo de Israel) termina sua função e deve desaparecer como unidade nacional-religiosa separada (cf. Gl 3,17-19).

3) *Para além da lei está a fé* que vincula os crentes com Abraão; por isso, unidos a Cristo, serão filhos-descendentes verdadeiros do patriarca todos os que creem (cf. Gl 3,1-6).

Nesta linha Rm 3,17 interpretou a fé de Abraão (no Deus criador e ressuscitador) como uma espécie de antecipação da fé cristã, que se centra na confissão do Deus que ressuscitou Jesus de entre os mortos. Precisamente quando a Páscoa se torna centro de uma fé universal e salvadora, Abraão vem mostrar-se como iniciador e patriarca de todos os crentes (cf. Rm 4,20-25).

4) *Por isso Abraão é pai universal*. A carne-lei o fazia pai só dos israelitas (e talvez dos ismaelitas e algumas outras tribos). Pela fé é pai de todos os que creem (Rm 4,17). Por isso se pode afirmar: nele serão benditas todas as nações ou famílias do orbe. Acima das velhas barreiras raciais e religiosas (Lei Israelita), os cristãos descobriram em Jesus o verdadeiro descendente de Abraão, o portador de uma vocação ou chamado salvador que alcança pela fé a todos os homens da terra.

O chamado de Abraão já não se encontra vinculado a uma lei particular (judaísmo), tampouco a um santuário peculiar (a Meca dos muçulmanos). Já não há homens que possam apresentar-se como descendentes especiais de Abraão (nem os judeus de Jerusalém, nem os árabes de Meca), pois todos os que creem são em Cristo verdadeiros filhos do patriarca.

Nesta perspectiva se ilumina novamente, em chave universal, o que dissemos da vocação de Abraão, a quem podemos entender como o homem (o ser humano) que escuta a palavra de Deus e quer viver partindo dela, em gesto de confiança e entrega que se encontra (a nosso juízo) iluminada e completada pelo Cristo. Assim foi reinterpretada a figura de Abraão (e dos outros patriarcas) pelo livro cristão mais próximo ao espírito do judaísmo, a Carta aos Hebreus:

A fé é garantia antecipada do que se espera, a prova de realidades que não se veem... Foi pela fé que Abraão, respondendo ao chamado, obedeceu e partiu para uma terra que devia receber como herança, e partiu sem saber para onde ia. Foi pela fé que residiu como estrangeiro na terra prometida morando em tendas com Isaac e Jacó, os co-herdeiros da mesma promessa. Pois esperava a cidade que tem fundamentos, cujo arquiteto e construtor é o próprio Deus. Foi pela fé que também Sara, apesar da idade avançada, se tornou capaz de ter descendência, porque considerou fiel o autor da promessa (Deus)... Na fé todos estes morreram, sem ter obtido a realização da promessa, depois de tê-la visto e saudado de longe, e depois de se reconhecerem estrangeiros e peregrinos nesta terra. Pois aqueles que assim falam demonstram claramente que estão à procura de uma pátria. E se lembrassem a que deixaram, teriam tempo de voltar para lá. Eles aspiram, com efeito, a uma pátria melhor, isto é, a uma pátria celeste. É por isso que Deus não se envergonha de ser chamado o seu Deus. Pois, de fato, preparou-lhes uma cidade (Hb 11,1.8-16).

Depois de tudo o que foi dito, esse texto já não requer comentário: ele pode apresentar-se como a melhor ampliação ou exegese de Gn 12,1-9, numa perspectiva de cumprimento cristão. A *vocação*, entendida como chamado de Deus, vem expressar-se numa *vida de fé*, aberta à peregrinação: só quando deixamos de nos encontrar atados a este mundo e começamos a entender a vida em forma de caminho podemos realizar-nos verdadeiramente. A vocação se torna dessa maneira compromisso de futuro, aventura de esperança.

4. Apêndice

4.1. Sugestões de leitura

Gn 12–25: ciclo de Abraão
Gn 26–50: os patriarcas (Isaac, Jacó e seus filhos, José)

Rm 4: fé de Abraão, fé dos cristãos
Gl 3–4: Abraão e Cristo
Hb 11: a fé dos patriarcas

4.2. Textos ilustrativos

Abraão ficou de noite... Observando os astros, para ver qual seria o curso do ano... Quando sentiu no coração uma voz que dizia: "Todas as constelações dos astros, do sol e da lua estão nas mãos do Senhor; por que as hei de estudar?"... E naquela noite orou da seguinte forma: "Deus meu, Deus Altíssimo, só tu és Deus para mim. Tu criaste tudo e tudo quanto existe é obra de tuas mãos. Eu te escolhi como minha divindade. Salva-me dos maus espíritos que dominam os pensamentos dos homens; não me afastem de ti, meu Deus, e faze com que minha descendência e eu não erremos nunca, desde agora e para sempre... Devo voltar a Ur dos caldeus...? Indica o caminho reto a teu servo, para que eu o possa seguir e não caminhe no extravio de minha mente, meu Deus". Ao terminar de falar e orar, Deus enviou sua palavra: "Sai de tua terra, de tua linhagem e da casa de teu pai, para a terra que te mostrarei, e te farei um povo grande e numeroso. Eu te abençoarei e engrandecerei teu nome. Serás bendito na terra e por ti serão benditos todos os povos da terra... Serei teu Deus e o de teus filhos, netos e toda a tua descendência. Não temas, de agora em diante e para sempre eu serei teu Deus" (Livro dos *Jubileus* 12,16-24; cf. Alejandro Díez Macho [ed.]. *Apócrifos del Antiguo Testamento*. Cristiandad, Madrid, 1982, v. II, p.113-114).

E recita-lhes (ó Mensageiro) a história de Abraão, quando perguntou ao seu pai e ao seu povo: O que adorais? Responderam-lhe:

– Adoramos os ídolos, aos quais estamos consagrados.

Tornou a perguntar:

– Acaso vos ouvem, quando os invocais? Ou, por outra, podem beneficiar-vos ou prejudicar-vos?

Responderam-lhe:

– Não, porém, assim encontramos fazendo os nossos pais.
Disse-lhes:
– Porém, reparais, acaso, no que adorais, vós e os vossos antepassados? São inimigos para mim, coisa que não acontece com o Senhor do Universo; que me criou e me ilumina; que me dá de comer e de beber; que, se eu adoecer, me curará. Que me dará a morte e então me ressuscitará. E que, espero, perdoará as minhas faltas, no dia do juízo. Ó Senhor meu, concede-me prudência e junta-me aos virtuosos! Concede-me boa reputação na posteridade. Conta-me entre os herdeiros do Jardim do Prazer... (Corão, Surata 26, 69-85)

Abraão foi o maior de todos: grande pela energia cuja força é debilidade, grande pelo saber cujo segredo é loucura, pela esperança cuja norma é demência, pelo amor que é ódio de si mesmo.

Pela fé, Abraão deixou a terra de seus antepassados e foi estrangeiro na terra prometida. Abandonou uma coisa, sua razão terrestre, e tomou outra, a fé; do contrário, pensando no absurdo de sua viagem, não teria partido.

Pela fé, Abraão obteve a promessa de que todas as nações da terra seriam benditas em sua posteridade. O tempo passava, ficava a possibilidade e Abraão acreditava.

O tempo se passou, a espera tornou-se absurda. Em Abraão acreditou.

Abraão acreditou, e por isso se manteve jovem: pois quem aguarda sempre o pior fica logo desgastado, mas quem crê conserva uma eterna juventude (S. Kierkegaard. "Elogio de Abraão". In: *Temor y temblor*. Orbis, Barcelona, 1987, p. 23-25).

4.3. Perguntas orientadoras

1. Que povos compõem o Crescente Fértil?
2. Onde e quando se situa a história de Abraão?
3. Quais são as tradições da história de Abraão?

4. Por que a vocação se destacou em Abraão?
5. Que notas apresenta o Deus de Abraão?
6. Que rupturas Abraão deve realizar?
7. Que implica deixar terra e família?
8. Em que sentido Deus protege Abraão?
9. Como se relacionam vocação, caminho e bênção?
10. Quais são as promessas contidas na vocação de Abraão?
11. Por que a vocação de Abraão é universal?
12. Classificar as notas da vocação de Abraão: palavra de Deus, caminho de Abraão, sinais...
13. Em que santuários da Palestina se recorda o chamado de Abraão?
14. Como se relacionam vocação e epifania ou manifestação de Deus?
15. Como os judeus relacionam vocação de Abraão e pacto israelita?
16. Qual é a terra da promessa para os judeus?
17. Em que textos do Novo Testamento os cristãos comentaram a vocação de Abraão?
18. Como se cumpre a vocação e promessa de Abraão em Cristo?
19. Em que se distingue nossa vocação cristã e a de Abraão?
20. Como os muçulmanos se percebem filhos de Abraão? Quem é Ismael para eles?

Relacionar todos os elementos da vocação: chamado de Deus, saída de Abraão, caminho na fé, sinais no caminho, esperança de futuro pessoal e para o grupo.

CAPÍTULO 3

Moisés, vocação de libertador (Ex 3–4)

A vocação de *Abraão* (Gn 12,1-9) era interpretada como dirigida a todo o povo: o velho patriarca era o representante dos israelitas que deixavam sua velha terra (realidades deste mundo) para dirigirem-se, na fé, com o poder da palavra de Deus, para a terra da nova aliança. *Moisés*, pelo contrário, adquire traços já concretos de indivíduo e mediador: homem que coloca sua vida a serviço da liberdade dos demais. Em seu chamado são repetidos alguns elementos conhecidos da vocação de Abraão: deixar a velha terra, caminhar na esperança... Há, no entanto, traços novos muito precisos: a terra antiga aparece agora como opressão, a saída dela será conflituosa, Moisés há de atuar como mediador a serviço da liberdade de todo o povo.

Logicamente o relato da vocação é precedido dos capítulos de tipo introdutório que servem para situar e preparar o tema. O primeiro (Ex 1) apresenta a opressão dos hebreus no Egito: é evidente que eles devem receber a ajuda de Deus para serem libertados. O segundo (Ex 2,1-22) conta a origem e as peripécias humanas de Moisés: filho de hebreus oprimidos, libertado das águas e educado como "familiar" do faraó e rei do Egito, logo se converte em fugitivo na terra de Madiã onde é acolhido (e se casa), depois de ter matado um egípcio que oprimia os hebreus. Esta a situação, e este o personagem: de um pano de fundo de dor do povo que em outros tempos havia recebido a promessa da assistência de Deus (por Abraão) emerge a figura de Moisés, o fugitivo do deserto a quem Deus escolhe para ser libertador do mesmo povo.

Estão, portanto, as personagens preparadas: o Deus dos patriarcas, o povo oprimido, o Egito como estado de opressão e Moisés, um homem de fronteira (hebreu e egípcio) que faz seu caminho (realiza seu retiro) de pastor no deserto de Madiã. Sobre esse pano de fundo, como preparação para o Êxodo, a tradição israelita teceu um precioso relato do chamado ou vocação que foi crescendo com os séculos. O *testemunho mais tardio* dessa tradição se encontra em Ex 6,2-12; 7,1-7, que pertence à chamada Escola Sacerdotal (P); trata-se de um texto esquemático e solene onde Deus, revelado aos patriarcas como El Shaday (Deus das Alturas), vem agora mostrar seu nome de Iahweh quando liberta efetivamente ao povo cativo; tanto Moisés como Aarão (seu porta-voz ou profeta) realizam aqui uma função subordinada: o libertador verdadeiro será Deus. Diferentemente, o *testemunho mais antigo* (Ex 2,23–4,18) ressaltou a ação mediadora (libertadora) de Moisés, apresentando assim o seu chamado com muito mais cuidado. Aqui tratamos apenas do relato antigo, estudando de forma unitária seus aspectos ou seções mais significativas. Trata-se de um texto longo e complexo: contém certas reiterações e pode ter nascido da fusão de dois velhos documentos paralelos (Javista e Eloísta, ou seja, J e E). A discussão sobre o tema é forte e os críticos não chegaram a nenhum acordo significativo sobre as seções e a composição do texto. É bem possível que em vez de documentos prévios haja aqui diferentes níveis redacionais: sobre uma tradição mais antiga motivos foram sendo acrescentados e precisados. De todas as formas, a unidade final do texto é clara e assim queremos estudá-lo em seu conjunto, destacando seus momentos ou seções fundamentais que, dada a amplitude do texto, não citamos por inteiro. Estamos no nascimento de Israel; Moisés foi chamado para libertar um grupo de oprimidos e conduzi-lo até o encontro com Deus, em liberdade, na montanha da revelação.

1 – Introdução (Ex 2,23-25): povo oprimido e cuidado de Deus

²,²³Muito tempo depois morreu o rei do Egito, e os israelitas, gemendo sob o peso da servidão, gritaram; e do fundo da servidão o seu clamor subiu até Elohim. ²⁴E Elohim ouviu os seus gemidos; lembrou-se de sua aliança com Abraão, Isaac e Jacó. ²⁵E Elohim viu os israelitas e os conheceu (= tomou como seu o problema deles).

2 – Teofania (Ex 3,1-6): Deus se revela a Moisés no deserto

³,¹Apascentava Moisés o rebanho de Jetro, seu sogro, sacerdote de Madiã. Conduziu as ovelhas para além do deserto e chegou ao Horeb, a montanha de Elohim. ²O anjo de Iahweh lhe apareceu como chama de fogo, do meio de uma sarça. Moisés olhou, e eis que a sarça não se consumia. ³Então disse Moisés: "Darei uma volta e verei este fenômeno estranho; verei por que a sarça não se consome". ⁴Viu Iahweh que ele deu uma volta para ver. E *Elohim* o chamou do meio da sarça. Disse:

– Moisés, Moisés!

⁵Este respondeu:

– Eis-me aqui!

Ele disse: Não te aproximes daqui; tira as sandálias dos pés porque o lugar em que estás é uma terra santa. ⁶Disse mais: eu sou o Deus de Abraão, o Deus de Isaac e o Deus de Jacó (= Elohim de Abraão...).

Então Moisés cobriu o rosto, porque temia olhar para *Elohim*.

3 – Missão (Ex 3,7-10): razão da teofania, envio de Moisés

⁷Iahweh disse:

– Eu vi, eu vi a miséria do meu povo que está no Egito. Ouvi seu grito por causa de seus opressores; pois eu conheço as suas angústias. ⁸Por isso desci a fim de libertá-lo da mão dos egípcios, e para fazê-lo subir para uma terra boa e vasta, terra que mana leite e mel, o lugar dos cananeus, dos heteus, dos amorreus, dos ferezeus, dos heveus e dos jebuseus.

⁹ – Agora, o grito dos israelitas chegou até mim, e também vejo a opressão com que os egípcios os estão oprimindo. ¹⁰Vai, pois, e eu te enviarei a Faraó, para fazer sair do Egito o meu povo, os israelitas.

4 – Dificuldade e nova revelação (Ex 3,11-14 e 3,15-22): Iahweh, nome de Deus

¹¹Então Moisés disse a Elohim:

– Quem sou eu para ir ao Faraó e fazer sair do Egito os israelitas?

¹²E respondeu:

– Eu estarei contigo (= *'hyh'immak*); e este será o sinal de que eu te enviei: quando fizeres o povo sair do Egito, vós servireis a Elohim nesta montanha.

¹³Moisés disse a Elohim:

– Quando eu for aos israelitas e disser: "o Deus (= Elohim) de vossos pais em enviou até vós"; e me perguntarem: "qual é o seu nome?", que direi?"

¹⁴Disse Deus a Moisés:

– Eu sou o que sou (= Iahweh).

Disse mais:

– Assim dirás aos israelitas: "Eu sou (*'hyh*) me enviou até vós".

¹⁵Disse Deus ainda a Moisés:

– Assim dirás aos israelitas: "*Iahweh*, o Deus (= Elohim) de vossos pais, o Deus de Abraão, o Deus de Isaac e o Deus de Jacó me enviou até vós. É o meu nome para sempre, e esta é minha invocação (= assim me chamareis) de geração em geração". (E segue em Ex 3,16-22 uma expressão da missão, com anúncio do que ocorrerá no Egito).

5 – Sinal (Ex 4,1-9): o poder do libertador

⁴,¹Respondeu Moisés:

– Mas eis que não acreditarão em mim, nem ouvirão a minha voz, pois dirão: "*Iahweh* não te apareceu".

²*Iahweh* perguntou-lhe:

– Que é isso que tens na mão?... (E se apresentam os sinais do bastão que se torna serpente, da mão leprosa, da água do rio que se converterá em sangue, em Ex 4,3-9)

6 – Ampliação (Ex 4,10-17): a colaboração de Aarão

¹⁰Disse Moisés a *Iahweh*:

– Perdão, *Adonai*, eu não sou um homem de falar (fácil), nem de ontem nem de anteontem, nem depois que falaste a teu servo; pois tenho a boca pesada, e pesada a língua.

¹¹Respondeu-lhe *Iahweh*:

– Quem dotou o homem de uma boca? Ou quem faz o mudo ou o surdo, o que vê ou o cego? Não sou eu, *Iahweh*? ¹²Vai, pois, agora, e eu estarei em tua boca, e te indicarei o que hás de falar.

¹³Moisés, porém, respondeu:

– Perdão, *Adonai*, envia o intermediário que quiseres.

¹⁴Então se acendeu a ira de *Iahweh* contra Moisés, e ele disse:

– Não existe Aarão, o levita, teu irmão? Eu sei que ele fala bem. E eis que sairá ao teu encontro e, vendo-te, alegrar-se-á em seu coração. ¹⁵Tu, pois, lhe falarás, e lhe porás as palavras na boca. Eu estarei (*'hyh*) na tua boca e na dele, e vos indicarei o que devereis fazer. ¹⁶Ele falará por ti ao povo; ele será a tua boca, e tu serás para ele um Deus (= *Elohim*). ¹⁷Toma, pois, esta vara na mão: é com ela que irás fazer os sinais.

7 – Conclusão (Ex 4,18): Moisés se despede de Jetro

Saindo, Moisés, voltou para Jetro, seu sogro, e lhe disse:

– Deixa-me ir e voltar a meus irmãos que estão no Egito, para ver se ainda vivem.

Respondeu Jetro:

– Vai em paz (Ex 2,23–4,18).

1. Introdução (Ex 2,23-25). Povo oprimido e cuidado de Deus

A notícia da *morte do Faraó* serve de ligação com o anterior: este foi o Faraó que quis matar Moisés, obrigando-o a escapar do Egito (Ex 2,15). Esta simples nota serve para indicar que a vida dos perseguidores também acaba; Deus se vale de acontecimentos humanos para escrever sua história e expressar sua salvação sobre a terra.

E os israelitas gritavam. Neste gemido, que nasce da dor da servidão, condensa-se o mais profundo da história dos homens. O redator está olhando as coisas a partir do *reverso*. Não escreve a história oficial: não se fixa nas conquistas do rei nem de suas grandes construções (pirâmides do Egito). Tampouco lhe interessa o fausto daqueles serviços religiosos onde podem ir os grandes da terra. O que importa de verdade é a dor dos que clamam. Eles são o centro e o sentido da história.

E do fundo da servidão o seu clamor subiu até Elohim. São muitos os investigadores que verificaram e dividiram nosso texto partindo dos nomes que se aplicam a Deus (Elohim e Iahweh), atribuindo cada parte a redatores distintos (E e J). Essa perspectiva me parece, em princípio, sugestiva. Certamente os nomes são distintos e o mesmo redator os matiza com muito cuidado. Mas, como poderemos ver, sua função e sentido devem ser vistos dentro do próprio contexto narrativo: *Elohim* é o nome genérico de Deus; o próprio relato o apresenta como Deus (= *Elohim*) dos antepassados, para terminar identificando-o como *Iahweh*.

No princípio encontramos *Elohim*, o Deus de todos os homens. Ali onde alguém sofre e grita Deus o escuta. Esta é a certeza original transmitida por nosso texto. No começo da história humana se encontra o sofrimento dos oprimidos e a certeza de que Deus os atende. Desta forma se rompe a lógica imanente e fechada da história: por cima do Faraó há alguém ainda maior; sobre a injustiça humana está a justiça de Deus. Quatro são os verbos que marcam a ação em nosso texto:

1) *Deus escuta (wayyisma)*. Conforme a tradição bíblica, no princípio está a "palavra", seja no caso de Deus (Palavra criadora de Gn 1), seja no caso do homem (palavra de dor do oprimido). Pois bem, o Deus que fala sabe também escutar e escuta o chamado de dor expresso e condensado em modo de lamento.

2) Deus olha *(wayyare')*. Nas teofanias costuma-se afirmar que o homem contempla Deus. Pois bem, antes do olhar do homem está o de Deus. Para que nós possamos vê-lo é preciso que ele primeiro nos veja. Assim se apresentou aqui a experiência do Deus que abre seus olhos de piedade para com os homens.

3) *Deus se recorda (wayyizkar)*. Recordar-se significa "ser fiel a sua palavra e compromisso. Dentro do contexto israelita, que se encontra fundado nas promessas patriarcais, interpretadas como "aliança" de Deus com os homens, é evidente que sua recordação há de ser entendida como fidelidade; os homens podem rompê-la, Deus não se esquece. Esta é uma experiência que atravessa praticamente todos os estratos da teologia israelita, desde os profetas até o Código Sacerdotal (P), desembocando nos grandes cantos do Novo Testamento em que se diz que Deus "lembrou-se de sua misericórdia ou de seu pacto" (cf. Lc 1,54-72). Num sentido mais amplo (ultrapassando o contexto israelita) se poderia falar do Deus que recorda seu compromisso de amor pelo homem.

4) *Deus conhece* (*wayyida*). Esta palavra foi discutida com frequência, até mudada, como se aqui tivesse pouco sentido. Trata-se exatamente do contrário. Ela constitui o cume ou centro de nossa passagem. Toda a tradição israelita fala de conhecer em um sentido pessoal, comprometido. Os homens conhecem a Deus em relação de fidelidade e aliança; entre si se conhecem em gesto de amor, de entrega pessoal e matrimônio. Pois bem, a novidade de nosso texto está em que não se ocupa do *conhecimento dos homens* que querem unir-se a Deus; fala, isso sim, do *conhecimento de Deus* que penetra na vida dos homens, comprometendo-se com eles.

Os quatro verbos da ação de Deus aparecem estruturados em unidades paralelas, de maneira que se correspondem entre si, de dois em dois. Assim se diz que Deus *escutou e se recordou*, relacionando desta forma o ouvido e a recordação. Também se diz que viu e que *conheceu*, vinculando o olhar e o conhecimento. Mas, em outra perspectiva, podem e devem relacionar-se os dois verbos primeiros e os últimos do paralelismo, de maneira que aparece o esquema já esboçado em nossa posição anterior:

a) Por uma parte, Deus *escuta e olha*, estando aberto às necessidades dos homens. Certamente, Deus atua, como bem sabe a tradição bíblica. Mas seu gesto inclui também um elemento receptivo; Deus colocou os homens diante de si, deixando que eles se realizem e que alcancem dessa forma sua autonomia. Podemos comparar nossa passagem com aquilo que se diz em Gn 1: "Deus olhou e viu que era bom...". Agora Deus olha e escuta, vendo assim que a situação dos homens não é boa; por isso se dispõe a responder-lhes.

b) Por uma parte, Deus *recorda* (sua aliança) e *conhece*. Precisamente no contexto da aliança cresceu (nasceu?) a experiência do Deus que conhece e deve ser conhecido. *Recordação* (da eleição passada e do caminho que Deus iniciou com os patriarcas) e *conhecimento* da situação presente (em compromisso aberto ao futuro) se vinculam entre si. Os homens podem *conhecer a Deus* (comprometer-se em aliança com ele, fiar-se de seu amor, colocar-se em suas mãos) porque *Deus conhece os homens* (ou seja, toma-os como seus).

Só com este pano de fundo podem ser entendidos os aspectos seguintes da passagem, como veremos em nossa exposição. Deus continuará sendo, por um lado, o *Deus dos patriarcas* (cf. Ex 3,6.15; 4,5), ou seja, aquele que vendo a opressão de seu povo recorda a promessa de sua aliança. Mas, ao mesmo tempo, virá a apresentar-se como fonte de *novo conhecimento* (cf. Ex 3,7), aberto e expresso em forma libertadora. Nesse sentido, o próprio nome de *lahweh* deve ser entendido como sinal de um *novo conhecimento libertador*; Deus oferece a Moisés (e por Moisés a todo o povo) a possibilidade de um encontro teológico em forma libertadora.

2. Teofania (Ex 3,1-6): Deus se revela a Moisés no deserto

Apascentava Moisés o rebanho de Jetro, seu sogro, sacerdote de Madiã. Assim aparece vinculado à tradição dos pastores transumantes, na linha dos velhos patriarcas. O texto diz também que esse Moisés forma parte da família de um sacerdote de Madiã; na zona do deserto que se estende do Neguev ao Sinai; é bastante possível que nessa notícia apresente-se o fato de que o culto de Iahweh e a nova concepção religiosa dos israelitas (vinculada aos patriarcas) está igualmente relacionada com cultos e experiências antigas do deserto, ao sul da Palestina.

(E indo) *para além do deserto e chegou ao Horeb, a montanha de Elohim*. É evidente que nos encontramos diante de um "monte sagrado", conhecido em tradições ou cultos precedentes. Moisés fez um esforço para chegar até ali (teve de atravessar uma região desértica). Isso significa que buscou algo, talvez na linha da sacralidade do lugar. Toda a passagem nos vai levando progressivamente ao encontro com Deus; por isso, essa primeira indicação deve ser entendida como prelúdio de algo muito importante. Devemos indicar já desde agora que a teofania da montanha, partindo da sacralização de um lugar, supera em muito esse nível, revelando-nos um Deus pessoal que envia Moisés para libertar os hebreus oprimidos. Mas não adiantemos.

O anjo de Iahweh lhe apareceu. Já não é Deus quem olha o homem (como em 2,25); é o homem que pode ver o Deus que se manifesta. De pronto, de um modo surpreendente, na montanha de *Elohim*, Deus cósmico, Senhor de todos os lugares e povos, se mostra como o *malak Iahweh*, ou seja, o enviado pessoal do Deus israelita. A simples introdução deste nome indica que entramos em um novo espaço e tempo religioso. Tudo o que vier a partir de agora será como uma expressão do sentido de Iahweh para os homens.

Como chama de fogo, do meio de uma sarça... uma sarça que não se consome. Como resulta normal em muitas tradições religiosas, orientais e ocidentais, a manifestação de Deus se encontra vinculada ao *fogo*: é chama que arde, esquenta, consome, em gesto de constante renascimento. A novidade de nosso texto está no fato de unir fogo e sarça (árvore e chama), paradoxo que ilustra o sentido radical do divino. Não nos esqueçamos de que Moisés teve de atravessar o deserto; recordemos que estamos na montanha sagrada. E com isto podemos já sintetizar os traços que demarcam o sentido da teofania:

1) *Deserto.* Conforme Gn 12,19, Abraão encontrou (ouviu) Deus numa cidade estrangeira (Harã), para logo vê-lo na terra prometida (Siquém). Moisés o viu no *deserto,* fora do espaço da opressão (Egito), sem ter entrado ainda na terra prometida (Canaã). Toda a tradição israelita guardará a recordação do deserto como lugar do primeiro encontro de Moisés (e dos israelitas) com Deus. Sem esta passagem pelo deserto (e sem o contexto familiar de Jetro) a missão de Moisés teria sido impossível.

2) *A montanha de Elohim.* O Deus israelita (Iahweh) será um Deus novo, que se faz presente no gesto de libertação dos hebreus. Mas sua manifestação se encontra vinculada à tradição da "montanha sagrada" das antigas religiões. Isto significa que o novo caminho (vocação libertadora) de Moisés deve ser entendido também a partir do pano de fundo do Deus da natureza, que se mostra aos homens com a ajuda dos fenômenos cósmicos.

3) *A sarça ardente.* Árvore e arbusto são desde muito antigamente sinais religiosos, como vimos ao tratar de Abraão (o carvalho de Moré) e como podemos descobrir em toda a tradição religiosa cananeia, combatida pelos israelitas (que rechaçam o culto das árvores sagradas de Baal e Aserá). Pois bem, neste momento, no meio do deserto, a visão de Deus se encontra vinculada a uma árvore ardente: a própria vegetação se converte em chama, torna-se fogo no qual Deus se manifesta.

4) *Chama na sarça.* Não se trata de uma árvore qualquer, não é um fogo normal. O paradoxal, o sinal que surpreende Moisés, é a sarça de fogo que, ardendo sem cessar, não se consome. Isto é Deus: fogo constante, vida que segue mantendo-se naquilo que parece que não pode ter vida. Talvez pudesse traçar-se um paralelo: os hebreus oprimidos são a sarça, arbusto frágil que a qualquer momento pode quebrar e destruir-se, desaparecendo no deserto ou na montanha dos grandes povos deste mundo. Pois bem, nessa pobre sarça Deus se desvela, como base de vida daquilo que é mais débil, que é mais frágil. Mas com isso adiantamos traços e motivos que ainda deverão ser estudados de maneira mais precisa.

Então disse Moisés: ... verei. Parece tratar-se da curiosidade normal daquele que se vê diante de um fenômeno que o surpreende em chave religiosa. Assim começa a história de Moisés: foi à Montanha de Deus disposto a ver um espetáculo, como espectador que olha a partir de fora o transcurso dos fatos. É evidente que Deus o haverá de reter:

Viu Iahweh que ele deu uma volta para ver.
E *Elohim* o chamou do meio da sarça (Gn 3,4).

O jogo de ver (olhos) e o ouvir-chamar (ouvidos) apresenta-se aqui expandido e aplicado aos dois nomes divinos que aparecem dessa forma em um paralelismo expresso: Iahweh olha, Elohim chama. Talvez possa haver alguma relação entre esses nomes e os gestos respectivos, mas penso que a forma de falar deles deve ser vista mais como expressão de técnica narrativa. O redator já sabe que o nome próprio que Elohim recebe em Israel é Iahweh e assim o mostrará no decorrer do relato. Moisés ainda não o sabe. Por isso, em técnica de antecipação literária, o próprio narrador quis adiantar veladamente algo que só se poderá ver no todo através do próprio ritmo do relato.

Por enquanto só sabemos que o *anjo de Iahweh* que apareceu na sarça (*wayyare'* de Gn 3,2) é o mesmo Iahweh que logo olha para Moisés (de novo *wayyare'* em Gn 3,4). Consoante a intenção de vincular ambos os nomes, o redator logo chama Iahweh de Elohim, acrescentando assim que chama a Moisés (wayyikra), em terminologia conhecida que nos leva ao centro mesmo da tradição do encontro de Deus com os homens (cf. Gn 22,22; 1Sm 3,4 etc.). Deus não pede, não ensina, nada exige por ora. Simplesmente chama, pronunciando o nome daquele a quem dirige sua palavra.

Chegamos ao momento decisivo do relato. Moisés vai perguntar a Deus seu nome, para assim invocá-lo, dialogando de maneira pessoal. Deus vai responder-lhe dizendo: "sou quem sou, assim me chamareis..." (Gn 3,14-15). Pois bem, antes que os homens pronunciem o nome de Deus (e a fim de que possam fazê-lo), Deus começa pronunciando o nome próprio de Moisés (dos humanos). Estabelece-se assim a conversa:

Elohim chama: Moisés, Moisés!
Moisés responde: Eis-me aqui! (Gn 3,4-5)

A conversa não entrou ainda no pleno intercâmbio pessoal de nomes porque Moisés não pode responder chamando a Deus: Iahweh, Iahweh! (como fará em Ex 34,5). Não conhece ainda o nome próprio de Deus. Não pode ainda interceder. Assim responde, dizendo: Eis-me aqui! Este é o gesto daquele que se põe perante um Senhor, rendendo-lhe obediência.

Pois bem, num primeiro momento Deus lhe pede essa obediência, em gesto de presença religiosa. *Não te aproximes, tira as sandálias!* Deus começa impondo seu medo, traçando sua própria distância. Assim se cruzam várias tradições que se completam e fecundam de maneira paradoxal, como bem pressupõe o texto (Ex 3,5-6). Esquematicamente indicará alguns de seus traços:

1) *Distância*. Não te aproximes! Por um lado provoca, chama os homens com seu próprio fogo, com sua chama. Mas, ao mesmo tempo, tem de mantê-los distanciados: se eles se aproximassem arderiam no fogo divino.

2) *Nudez*. Tira as sandálias! Através de sandálias ou calçado o homem se torna independente da terra, assumindo uma espécie de autonomia. Pois bem, Deus pede que fique descalço, que se mostre em sua humildade sobre o solo da terra.

3) *Porque o lugar que estás pisando é terra santa*. Não se fala aqui de 'ares (terra em sentido geral), mas de 'adamah, que é principalmente a terra humanizada, quase em condições de ser trabalhada: sobre a montanha de Elohim se circunscreveu, em torno à sarça ardente, um *terreno santo*, um lugar que é sinal da presença de Deus. Ao colocar-se descalço neste solo sagrado Moisés deixa, por uma parte, de contaminar a terra; e por outra recebe em seus próprios pés desnudos a sacralidade do terreno.

De maneira muito significativa se vinculam através dessa experiência vários traços de Deus, produzindo-se uma fecundação de motivos religiosos que agora apresentamos de maneira breve e esquemática. Mais que todas as palavras tomadas cada qual isoladamente, importa aqui o conjunto de sinais e sentidos que se cruzam e fecundam.

1) *Estamos diante do Deus de um lugar sagrado, que aparece como 'adamah* onde esse Deus expressa sua presença

como fogo-ardente. Desta forma o texto expressa a experiência mais antiga da *santidade* que encontramos vinculada à revelação do divino. Quando saírem do Egito, os israelitas terão de adorar a Deus nesta montanha ou terra, descobrindo assim a santidade da sua presença.

2) *Neste monte se revela o próprio Deus dos oprimidos*, como indica todo o texto. Deus escuta o gemido dos hebreus escravizados e vem para libertá-los. Dessa forma ultrapassou os limites de uma santidade local, vinculada a um santuário, e vem apresentar seu mistério em forma de santidade libertadora, a serviço dos oprimidos.

3) *Este é o mesmo Deus dos pais*, vinculado, portanto, à lembrança de uma eleição, de uma aliança (como mostra 2,25; e reassume no mesmo contexto 3,6; cf. também 3,15). Esta fidelidade a seu próprio passado definirá de agora em diante a visão do Deus israelita.

4) *Trata-se de um Deus que cria futuro*, abrindo aos homens um caminho de liberdade, como mostraremos ao comentar 3,10. Sua presença na história é interpretada em forma de assistência libertadora. Assim o indicará seu novo e definitivo nome de Iahweh. Mas disso teremos de falar adiante, de forma mais detida.

Por ora bastem estes traços: Deus se desvelou como fogo na montanha santa. É evidente que Moisés deve encontrar-se sobressaltado. Tirou as sandálias dos pés para pisar, nu e pobre no âmbito do mistério. Ao mesmo tempo cobre o rosto: não pode nem olhar a Deus, apossa-se dele o medo. Precisamente este medo religioso o capacita para dialogar com ele. E com isto já descrevemos os traços preparatórios: deve vir agora o diálogo propriamente dito com Deus.

3. Missão (Ex 3,7-10): o envio de Moisés

A *teofania* (Ex 3,1-6) podia ser interpretada até aqui a partir de uma perspectiva da religiosidade antiga, pré-israelita: Deus se manifesta como chama, mostra o valor sagrado de um lugar (montanha) e se apresenta como vinculado aos antepassados do vidente. A partir de agora, o conteúdo da cena se modifica: o Deus do solo (terra) e dos antepassados (que também pertencem à terra) vem apresentar-se de maneira expressa como defensor dos oprimidos, reassumindo o tema visto em Ex 2,23-25 e transmitindo a Moisés uma missão libertadora. Recordemos o esquema já indicado: Deus vê-ouve, recorda-conhece. Pois bem, agora retornam três desses aspectos (ver-ouvir-conhecer) e em lugar do quarto se fala de uma descida para libertar. Distingamos o que é tradicional e o que é novo:

a) *Vem de passado* o esquema ver–ouvir–conhecer (3,7), ainda que agora o último verbo, que antes estava absoluto (cf. 2,25), receba um complemento: conhecer seus padecimentos. Isto significa que Deus se une aos pobres (homens), conhecendo seus sofrimentos.

b) *É novo o compromisso de Deus*: enquanto se aludia ao recordar (passado) em 2,24, destaca-se agora o gesto de ação libertadora do Deus que vem aos homens, criando assim um futuro de vida para eles.

Esta palavra (*desci a fim de libertá-lo*: 3,8) é *performativa* e realiza o que diz. Precisamente por esta nova revelação Deus desce no sentido radical da palavra: introduz-se no caminho dos homens e se compromete a libertá-los. O mesmo ritmo da ação de Deus traça uma espécie de nova *geografia sacral*, marcada pelo uso de três verbos de lugar:

1) *Deus desce (wa'ered)*: este é o princípio disso que poderíamos chamar de rebaixamento de Deus, na linha da encarnação. Deus mesmo penetra no conflito e dor dos homens sobre o mundo.

2) *Para libertar (tirar)* o povo do poder do Egito que aparece assim como "estado do mal" ou opressão para os pobres. Por isso, a ação de Deus há de se expressar em forma de ruptura ante o anterior *(lehasilo)*.

3) E para elevá-lo, fazê-lo subir *(wlehaaloto)*. Deus desce para fazer com que o homem ascenda, em vista de uma transformação social e sagrada.

Vinculam-se dessa forma ação libertadora (tirar) e criadora ou transformadora (introduzir na terra). Isto significa que existe uma *ruptura*, um processo em que se unem gestos de *morte* (deixar a situação antiga) e novo *nascimento* (como subida a uma terra distinta com aspectos de plenitude ou paraíso). De alguma forma se inverteu o simbolismo do nascimento doloroso: há que se sair da matriz em que a criança estava protegida para entrar no espaço conflitante de batalha e pranto. Na contramão disso, nosso texto oferece, alude a um *nascimento para o gozo*: a matriz do Egito era perversa, como de madrasta invejosa e destrutiva; Deus agirá como mãe verdadeira, tirando o povo do lugar da morte para conduzi-lo à terra da vida.

Deus aparece assim como *uma mãe* no sentido radical da palavra. Por isso se vincula ao nascimento de Israel: recorda seus antigos pais (é Deus deles: cf. 2,25; 3,6.13.15 etc.) e já prepara com grande cuidado o *novo parto*, como nascimento do homem novo. Dessa forma o que não era povo se converte em povo e o lugar da opressão se abre para um espaço de abundância e gozo. A partir desse pano de fundo se compreendem os traços da nova terra (Ex 3,8) e nascimento humano:

1) *É terra boa e espaçosa (tobah wrhabah)*. Egito era lugar mal e opressivo, como mãe perversa que apequena e oprime ou destrói seus filhos. Por outro lado, a nova pátria se define como lugar de abundância (é boa) e amplitude ou espaço: nela o humano nasce e cresce em plenitude.

2) *É terra que mana leite e mel*. Esta expressão (*zabat halab wdba*) provém de velhos textos mitológicos (de intenso simbolismo) e está relacionada com a maternidade de Deus que oferece aos humanos seu *leite* (cuidado materno) e seu *mel* (doçura) sobre o mundo.

Os israelitas vão renascer, dirigidos pela mão de Deus que agora suscita seu novo nascimento. É evidente que no fundo há influência de velhos relatos (como os do paraíso de Gn 2–3), reinterpretados em forma histórica: Deus nos abre um futuro de vida feliz sobre a terra. É evidente que esse lugar de felicidade futura não pode ser interpretado em chave puramente geográfica ou material: a Palestina foi e continua sendo espaço material de grandes contrastes, de dureza, sacrifício e morte. No entanto, aos olhos do crente israelita a mesma crosta dura de sua terra prometida, em símbolo de novo nascimento, veio a ser interpretada como uma cunha de novo nascimento: ali aparece e opera um Deus que é "mãe" carinhosa dos homens.

Ao chegar aqui o texto poderia ser interpretado como *puro mito*, tirando-nos do mundo real em que vivemos para nos conduzir a um tipo de terra imaginária, um jardim das maravilhas que só existe no nível da fantasia. Pois bem, contra isso nosso texto continua e nos recorda que essa terra é um lugar concreto de batalha e luta no mundo, é o m^eqom o campo onde antes estavam assentados os seis (ou sete) povos cananeus, heteus (= hititas), amorreus, etc. E com isto voltamos ao realismo desse nascimento que antes nos poderia parecer resultado de pura maravilha: certamente é resultado do cuidado maternal de Deus, mas, ao mesmo tempo, é obra e caminho muito concreto no conflito da história; este é um processo que conduz do Egito (lugar de pura opressão) até a *terra cananeia* (campo de disputa com as nações que ali estavam assentadas há tempos). Isto significa que os novos libertados hão de fazer-se, nascendo como povo em meio ao conflito histórico do mundo, esforçando-se por conquistar uma terra que se encontrava ocupada por outros.

E com isto chegamos à vocação propriamente dita: Deus chamou Moisés por seu nome (3,4), iniciando nele um caminho de envio pessoal. A obra de Deus (= vi-ouvi-conheci-desci para libertar) há de se realizar por meio de Moisés. Dessa forma se reassumem na nova palavra as palavras anteriores (ver-escutar) e se expandem ou realizam por Moisés (cf. 3,9) e ainda se acrescenta a palavra de Moisés:

– Portanto vai! (*lkah*).
– Eu te envio ao Faraó (*we'eslahka*)
– para que tires meu povo, os filhos de Israel, do Egito (3,10).

No centro está o *envio*: Deus converte Moisés em seu mensageiro, criador de liberdade. Esta *revelação de Deus,* que realiza sua maternidade por meio de Moisés, está no ponto de partida da ação libertadora. Como se dirá mais tarde, Israel há de surgir como filho primogênito de Deus (cf. Ex 4,23); Moisés está encarregado de alcançar seu nascimento, sendo assim parteiro ou colaborador desta nova ação (ou gestação) divina.

Vai: é a palavra-chave que encontramos também no relato da vocação de Abraão (Gn 12,1). Porém, aqui encontramos uma enorme diferença. *Abraão* devia sair de sua própria terra (Harã) para fazer-se povo de promessa e encontrar no caminho o santuário de Deus. *Moisés*, pelo contrário, deve abandonar o santuário em que se encontra: tem de deixar seu gado e família (o equilíbrio humano de Madiã) para tirar os hebreus cativos do forno da opressão do Egito.

Indica-se assim a verdadeira *saída* criadora. Este é o momento de ruptura em que se inscreve o chamado ou vocação.

A partir daqui se reinterpreta a história precedente de Moisés; Deus guiou o processo de sua infância, salvando-o da água e dando-lhe uma mãe egípcia que o faria conhecer por dentro a existência dos opressores (Ex 2,1-10); Deus o protegeu depois quando, saindo para ver seus irmãos oprimidos, deixou que acendesse seu ardor até matar um opressor egípcio (Ex 2,11-14); Deus o acompanhou depois no caminho da fuga, quando se refugiou em Madiã, dando-lhe ali um novo pai (sogro) sacerdote e uma esposa (Ex 2,15-22)... Havia passado os anos e Moisés era na verdade um privilegiado de Deus, ainda que ele mesmo o ignorasse.

Pois bem, agora descobrimos com Moisés a razão daqueles cuidados e *privilégios*; Deus o foi mimando e preparando para que ao fim pudesse ser chamado de uma forma pessoal, para realizar sua nova ação libertadora. Este é seu chamado ou vocação propriamente dita: Deus confia às mãos de Moisés seu mais precioso tesouro, o cuidado e a salvação dos hebreus oprimidos. Moisés deixa de ser "dono" de sua vida; de agora em diante se achará a serviço de uma tarefa superior, como enviado e sinal de Deus sobre a terra.

4. Dificuldade e nova revelação (Ex 3,11-14): o nome de Iahweh

É evidente que Moisés colocará dificuldades em sua obra. Implicitamente Deus lhe pede que deixe tudo, que abandone sua família e a vida antiga para colocar-se assim a caminho. Deus enfrenta por um lado o Faraó, o opressor dos hebreus, sucessor daquele que antes o quis matar (cf. Ex 2,15-23). Por outro lado, Deus o envia para libertar aqueles mesmos que num primeiro momento rejeitaram a voz de sua arbitragem (Ex 2,14-24, como numa linha de antiga tradição israelita é destacado por At 7,24-34). Por outro lado, é normal que nos relatos de vocação ou envio o agraciado de Deus exponha sua dificuldade ou pergunta (cf. Jz 6,15; Lc 1,34 etc.) Também Moisés o faz: olha para si mesmo e logo diz:

> Quem sou eu
> para ir ao Faraó
> e para tirar os israelitas do Egito?

Expressa-se aqui o paradoxo do homem que, sendo chamado para grandes coisas, descobre-se pequeno (humildade genérica!) e pouco capacitado para cumprir sua tarefa. Precisamente Moisés tem dificuldade em tratar com o Faraó (o anterior o perseguiu) e em libertar os hebreus (não o haviam aceitado). Pois bem, Deus o escolheu para essas duas tarefas, para que assim se manifeste melhor a origem divina da obra, pois não será Moisés a realizá-la apenas com suas forças humanas.

À pergunta *quem sou eu?* Deus responde: *Eu estarei ou serei contigo!* (*'ehye himmak*), destacando assim de forma enfática e robusta a nova relação que estabelece com Moisés. Chegaremos com isso ao centro da *revelação missionária* ou vocacional de Deus. Assim o veremos quando este *'ehyeh* (serei-estarei) termine convertendo-se em *Iahweh* ou nome próprio de Deus. *Moisés* perguntou sobre si mesmo, apresentando sua própria dificuldade (quem sou *eu*?). Deus aceita a pergunta, mas a responde mudando-a por dentro:

serei *contigo*. Moisés já não aparece como aquilo que antes era (um simples humano); é alguém donde o divino vem desvelar-se.

O próprio Deus pertence desde agora ao *nome de Moisés*: está com ele em seu caminho. Por isso já não importa só o nome de Moisés mas, e sobretudo, a presença e força daquele que o acompanha no caminho, *'ehyeh immak*, serei contigo; esta é a verdade de Deus para Moisés, é o princípio e garantia de sua vida.

O texto continua: e *este será o sinal... quando tirares o povo adorareis a Elohim neste monte* (3,12). Mais que um sinal que manda e demonstra ('ot) (traze o povo aqui!), este é um sinal que incita e promete: Elohim livrará os oprimidos e os receberá como adoradores no monte de sua santidade. Neste sentido descobriremos que o sinal é verdadeiro: tirarás o povo e me adorareis aqui, descobrindo dessa forma que estava convosco, que eu te sustentava! Moisés encontrou a Deus, viu-o no fogo da sarça. Pois bem, esse Deus quer que todos os possam vê-lo, que possam descobri-lo e proclamem seu nome. Dessa forma, o texto está profetizando (adiantando) os acontecimentos da aliança (Ex 20-24) quando então se amplifica para todo o povo o que foi a experiência fundante de Moisés: a prova de que seu chamado era fundante (de que Elohim o acompanhava, mostrando-se assim como Iahweh, o que está presente) será o fato de que seu chamado se amplia e expande logo a todo o povo.

Neste contexto se entende muito bem a segunda pergunta e dificuldade de Moisés (3,13). *Elohim* lhe disse: eu estarei (*'ehyeh*), antecipando e anunciando assim seu nome de Iahweh. Mas *Moisés* não o captou: não pôde ainda compreendê-lo. Necessita de algo mais palpável: uma concretização de sua presença, visibilizada em um nome que pode ser pronunciado e transmitido. Por isso acrescenta "se os filhos de Israel me perguntarem *qual é seu nome...* que lhes direi?" (3,13). A resposta de Elohim resulta decisiva, precisa, muito taxativa, situando-se no centro mesmo da revelação israelita, como indicaremos assinalando quatro de seus traços:

1) *'ehyeh 'sher 'ehyeh*: "sou o que sou". Assim respondeu Elohim. Ainda não temos "nome novo", no sentido técnico posterior. Deus se limita a dizer para todos o que já disse a Moisés em 3,12: *eu sou o que estarei* (com eles, com o povo). Deus se define assim como presença ativa, libertadora. Este ser-estar libertando seu povo constitui sua essência mais profunda. *Moisés* lhe pediu seu nome. Deus respondeu aparentemente esquivando-se dessa pergunta (não dá nome!) e assegurando sua presença (3,14): nela está seu nome verdadeiro.

2) *'ehyeh selahani* (= eu sou-estou me enviou a vós; 3,14). Só pode enviar verdadeiramente quem está presente (*'ehyeh*): o próprio envio é uma forma de presença. Dentro da lógica de tudo o que estamos dizendo podemos descobrir uma espécie de incoerência. Parece que o texto deveria afirmar: o que me envia (*elahani*) me disse que *está presente* (me assiste) dizendo *'ehyeh*. Pois bem, a ordem dos termos se inverte e o *'ehyeh* (eu sou, estou presente) é agora quem envia. O chamado e envio se apresenta, portanto, como uma expansão do Deus cuja nota mais profunda é a presença-assistência. Precisamente neste contexto de vocação Deus se pode apresentar como o que é (= está presente).

3) *Iahweh, Elohim de vossos pais..., me enviou a vós* (3,15). Do *'ehyeh* como verbo (eu sou, estou presente) passamos ao *iahweh* (IHWH), entendido como nome próprio do Deus israelita, vinculado à montanha da vocação de Moisés e

da Aliança (Ex 20-25). Assim se identifica expressamente o *Iahweh* da nova revelação e o Elohim mais amplo da história patriarcal. Entre o nome antigo e o novo, como experiência criadora, se situa o chamado ou vocação que é garantia de assistência: só enquanto chama e assiste como libertador o Deus antigo pode apresentar-se em Israel como *Iahweh*. Este nome próprio, cujo sentido etimológico preciso não é necessário estudar aqui, vem a apresentar-se na consciência israelita como expressão de *assistência de Deus* como garantia do caminho de libertação que veio a iniciar-se por Moisés.

4) *Este é meu nome (emi) para sempre, esta minha recordação (zikri) de geração em geração* (3,15). A própria experiência libertadora (estou presente) se torna nome: ela define de agora em diante, para sempre, o "ser" (atuação) de Deus e vem a constituir-se como princípio e centro das lembranças israelitas. É importante aqui a união de *nome* (*emi*), expressão do mais próprio de Deus, e *lembrança* (*zikri*), base ou princípio das lembranças israelitas. Já vimos que Deus "se lembra de sua aliança" (2,25), pois bem, de agora em diante os homens devem recordar o sinal e nome de sua presença libertadora no chamado de Moisés; assim o fazem chamando Deus de *Iahweh*, ou seja, o que nos assiste libertando.

O nome de Deus está vinculado a uma experiência de vocação e tarefa salvadora. Só conhece verdadeiramente a Deus, descobrindo a profundidade de seu nome (Iahweh), aquele que, seguindo Moisés, se sabe enviado do alto para libertar os demais e no meio do envio descobre a Deus como o Senhor-amigo que está presente no caminho de libertação. Então pode conhecê-lo de verdade e chamá-lo pelo nome, dizendo: Iahweh! Libertador!

Este novo nome de Deus (*Iahweh*) é, por um lado, misterioso: os filólogos não conseguem precisar totalmente seu sentido original, os judeus atualmente não se atrevem nem a nomeá-lo, por respeito... Porém, ao mesmo tempo, é o nome mais simples, mais cordial, mais imediato: Deus mesmo quis que nós o chamemos *Iahweh* porque no momento-chave de sua vocação e nosso envio nos disse *'ehyeh*, eu estarei contigo ou convosco. Este nome é garantia de presença pessoal (estarei contigo: cf. 3,12) e, ao mesmo tempo, é experiência de ação libertadora: Deus se mostra como aquele que atua tirando do Egito os hebreus oprimidos.

Iahweh é o que diz *'ehyeh* = eu sou, estou convosco. Por isso, este nome de Deus só adquire sentido num contexto de chamado pessoal (de Moisés) aberto em gesto salvador a todo o povo. Como lugar de revelação de Deus e experiência básica de libertação, o chamado de Moisés constitui o princípio da história israelita. Aqui Deus expressa seu nome mais profundo, aqui se inicia entre os homens a história de sua lembrança e de sua ação libertadora que se vai manter geração após geração, como princípio de identidade para os israelitas.

Só ali donde se expande (atualiza) este momento radical de chamado e vocação de Moisés toma sentido o nome de Iahweh e Deus continua apresentando-se diante dos homens como aquele que diz *'ehyeh*: estarei presente, sendo teu *Iahweh*, ou seja, o Deus que assiste no perigo, o Deus que te conhece e te liberta, levando-te à terra prometida de tua liberdade completa.

Julgo pouco adequado que os judeus, talvez desde o século II a.C., tenham evitado pronunciar o "nome", lendo e traduzindo *Iahweh* por *Adonai* ou *Kyrios* (Senhor) e mudando assim o sentido da revelação primeira. Certamente o Deus do chamado israelita é Senhor (como majestade e poder), mas ao revelar-se com o nome de Iahweh explicita com mais força seu sentido de presença salvadora. Muitas traduções bíblicas posteriores, incluídas várias castelhanas,* têm seguido este caminho, colocando Senhor onde o texto hebraico diz *Iahweh*. Teria sido preferível conservar o nome original hebraico, explicando em nota seu sentido, ou buscar seu equivalente novo na linha da assistência pessoal libertadora (*O que é? O que ajuda?...*).

Para os cristãos, este nome de *Iahweh*, com a lembrança do chamado de Moisés, continua sendo o centro da experiência israelita (do Antigo Testamento). Este é o mais elevado dos nomes possíveis de Deus, antes que se desvele seu sentido pessoal mais profundo como *Pai* de Jesus. Ao apresentar-se assim no Novo Testamento, Deus não nega seu nome prévio de *Iahweh,* mas o explicita, levando-o a seu termo e verdade definitiva: Deus se mostra ao fim como *Iahweh* (é-está presente) ao revelar-se de forma completa como Pai de Jesus e dos homens. Em outras palavras: a maneira que Deus tem de ser Iahweh perfeito (*'ehyeh*, estarei contigo) é a de ser Pai de Cristo e, pelo Cristo, Pai de todos os humanos. A vocação de Moisés nos conduz desta forma, pela encarnação do Filho, até o mistério trinitário.

5. Sinal (Ex 4,1-9): o poder do libertador

Ao chamar-se *'ehyeh* (estarei contigo) Deus se desvelou como aquele que se mantém em atitude de aliança com Moisés e com os homens. Por isso, esta primeira revelação da montanha só adquire todo seu sentido quando se explicita na experiência do pacto (Ex 19-24), onde terá culminado o processo de libertação.

---

* N.T.: Na língua portuguesa não se dá diferentemente.

Pois bem, para apresentar-se como delegado desse Deus que é pacto de presença, Moisés quer alguns sinais. Assim interroga Deus apresentando-lhe três novas dificuldades que, somadas às duas anteriores, serão a terceira, quarta e quinta:

E se não me crerem? (*lo'-ya'aminu*) e não me escutarem (*lo-yishmeu*), dizendo: Iahweh não te apareceu (*lo'-nir'ah*)? (Ex 4,1)

Nesta mesma pergunta vem mostrar-se implicitamente a função de Iahweh: é anjo que se mostra (abre um caminho novo de realidade), dando a Moisés os sinais fundamentais de sua presença (hão de crer nele e escutá-lo).

Estamos no centro da revelação bíblica, tal como explicitada pelos profetas clássicos (Isaías, Jeremias) e pelos grandes documentos posteriores (Dt, P). Deus abre por Moisés um espaço de revelação, de tal maneira que a fé em Deus (em sua presença libertadora) se expressa e realiza através da aceitação de seu enviado, numa linha que para os cristãos culmina e se realiza plenamente em Cristo.

O próprio futuro de Israel e seu sentido sobre o mundo está centrado nesta grande pergunta. Moisés a formulou em nome daqueles que virão e voltarão a colocá-la nas gerações posteriores. Já havia apresentado duas dificuldades (Quem sou eu? Qual é teu nome? Ex 3,11-15). Agora acrescenta estas três: como se pode *crer* em Moisés, *escutar* sua palavra, *aceitar sua experiência*? O problema passou de Moisés (quem sou eu?) e de Deus (qual é teu nome?) aos israelitas posteriores. O primeiro crente e convocado (Moisés) se pôs aqui na situação de todos eles, antecipando em seu nome as perguntas que eles haverão de fazer mais tarde.

A própria fé israelita está vinculada a esta experiência fundante de Moisés: se Deus não o chamou, tudo foi em vão: se os judeus posteriores já não podem crer nele ou escutá-lo, sua própria vocação acaba sendo um feito inútil. Desta forma, a pessoa e o envio de Moisés ficam integrados essencialmente na fé israelita. Não basta crer em geral em Deus como Elohim da montanha santa. É preciso crer no *Iahweh-de-Moisés*, ou seja, no Deus que se revela como salvador através de seu profeta, fundando ou iniciando assim um caminho de nova aproximação ao divino, em chave de presença libertadora.

Isso significa que a religião israelita é *histórica*: teve um começo concreto; é consequência de uma iniciativa pessoal de Deus; por isso começa em momento e lugar determinados. Ao mesmo tempo, essa religião é *mosaica*, no sentido radical da palavra, não só porque Moisés logo ofereceu ao povo um corpo de leis normativas, mas também num plano ainda muito mais profundo: só podem ser israelitas aqueles que aceitam Moisés (creiam nele) como mediador de um chamado de libertação universal.

Os israelitas já não se encontram diante de um Deus de tipo geral, que vale de igual forma para todos. Tampouco lhes basta o Deus dos Pais (de Abraão, Isaac...). Esses traços reaparecem aprofundados (recriados, assumidos e, ao mesmo tempo, superados) na experiência de Moisés que viu Deus como Iahweh: presença salvadora. De agora em diante o pastor das ovelhas de Jetro (vinculado ao Deus da Montanha de Madiã) apresentar-se-á como portador da nova revelação salvadora de Deus para os hebreus. Sobre esse pano de fundo devem ser entendidas as respostas às dificuldades já mencionadas:

1) Os israelitas têm de *crer em Moisés*, superando a atitude de infidelidade dos que não confiam nele (*lo'-ya'aminu li*). Já não se trata de crer em Deus sem mais, mas no Deus que atua por Moisés: trata-se de aceitá-lo como princípio e realizador da nova experiência de libertação.

2) Os israelitas têm de *escutar Moisés* como transmissor da palavra de Deus no sentido radical da palavra. Por isso pergunta: "e se não escutarem minha voz?" *(wlo'yishmeu bqoli)*. A voz de Moisés começa a ser a voz de Deus. Todos os mandamentos e as leis posteriores (desde Ex 20 até a Mishná) se encontram contidos, conforme a tradição israelita, na revelação do nome de Iahweh, na palavra que Deus confiou a Moisés.

3) São israelitas os que creem que *Deus se fez ver a Moisés* (manifestou-se-lhe: *nir'há)*. Deus mesmo se define como aquele que expressa diante de Moisés sua intimidade, oferecendo-lhe sua própria autoridade no caminho de libertação do povo.

Desta forma, o relato da vocação vem expressar-se como relato de *legitimação religiosa* dirigida ao conjunto do povo eleito. Estamos perante um texto confessional no sentido estrito, perante o que poderíamos chamar o *credo fundante* israelita. Os textos de confissão muitas vezes citados, tanto em chave histórica (Dt 26,5-11) como em chave de mútua implicação Deus-povo (o *Shemá* de Dt 6,4-9), resultam secundários ou derivados com respeito a esta passagem da vocação fundacional de Moisés: é israelita aquele que crê em Iahweh como Deus que se revela através da obra-palavra de Moisés como libertador do povo, isto é, como fundador da identidade sagrada da nação.

De acordo com o texto (4,2-9), Deus avalia a autoridade de Moisés com três sinais cujo conteúdo pode parecer-nos hoje um pouco estranho, nas fronteiras da magia: o bastão que se torna serpente, a mão com lepra e curada, a água convertida em sangue. Na verdade, estes sinais estão antecipando aquilo que será o enfrentamento de Moisés com os poderes mágicos, religiosos e políticos do Egito, através das pragas (Ex 7-11). Prova de Deus é o próprio caminho que Moisés percorreu, superando a partir de sua pequenez (com a ajuda de Deus) os poderes maiores (terríveis) do Egito. Serpente, lepra e sangue poderão ser os sinais de um mundo que parece condenado à destruição. Pois bem, Moisés conseguiu superar todos os riscos desse mundo, libertando o povo que se encontrava cativo no Egito.

O milagre é a expressão de uma *ruptura* em relação ao sistema, momento em que parece que tudo se encontra bem determinado, estabelecido, sem saída. Dentro do sistema egípcio, Moisés introduziu uma dinâmica de liberdade fundada em Deus e dirigida para a culminação ou plenitude do povo. É evidente que para a nova fé israelita o verdadeiro sinal (milagre) não é outro que o próprio surgimento nacional; o único sinal no fundo é a constituição do povo, no caminho de liberdade iniciado e sustentado por Moisés. Desta maneira, a figura de Moisés (em quem se *crê e a quem se escuta*) apresenta-se para os cristãos como uma antecipação de Jesus a quem os fiéis aceitam-confessam não só porque Iahweh lhe apareceu (como a Moisés), mas porque é a própria presença humana (Filho) de Iahweh sobre a terra. O sinal de Moisés será seu grande milagre (suscitou o povo pelo Êxodo); o de Jesus será sua própria morte e ressurreição.

6. Ampliação (Ex 4,10-17). Moisés e Aarão

Seguem as dificuldades, formuladas agora de maneira mais velada, como com medo de cruzar o limite do tolerável para entrar no campo daquilo que soaria como descortesia. Esta é a *sexta dificuldade*: *Ki! (Por favor!)* Adonai, *eu não sou ho-*

mem de fala (fácil)! Adonai é título de cortesia ("meu Senhor!", "Senhor!") e aparece aqui da mesma forma que na vocação de Isaías (Is 6,11). Este mesmo argumento (dificuldade no falar) reaparece como tema central em Jr 1,6. Mas o que em Jeremias pode ser motivo autobiográfico (dificuldade ou medo ao expressar-se) é aqui elemento estritamente teológico.

Não parece que o redator desta passagem esteja interessado na possível dificuldade verbal de Moisés. O que está em jogo é algo muito maior: a própria origem de suas palavras, ou seja: quem é que na verdade está falando por Moisés? A problemática de fundo é a origem da palavra libertadora e legisladora (ambas unidas) de Moisés, tal como aparece codificada não só no Êxodo, mas em toda a tradição da *Torá*, ou seja, do Pentateuco. Estamos diante do que poderia ser conhecido por "doutrina da inspiração". A resposta de Deus segue na linha do já demonstrado no começo do diálogo, como indicam os dois temas em paralelo:

1) *'ehyeh immak*. Assim falava Deus quando Moisés lhe perguntou "quem sou eu?" Deus lhe respondeu dizendo: não importa o que tu sejas, mas o que eu sou em ti (o que faço em ti), conforme tudo o que indicamos quando tratamos do sentido de Iahweh (3,12).
2) *'anoki 'ehyeh 'm pika* (4,12). Deus é Iahweh (= presença salvadora) de Moisés, sendo para ele fonte de palavra e mostrando-lhe, em visão verbal, o que tem de dizer.

Estamos de novo no centro da vocação-missão. O redator quer indicar com toda clareza a origem e o sentido divino das palavras que Moisés diz. Significativamente, aqui não se pretendeu distinguir entre as de caráter libertador (diálogo de Moisés com o Faraó) e as de tipo legal-constituinte (normas e mandamentos que Moisés instituiu para o povo ao longo de Ex–Dt). Todas elas provêm de Deus, de maneira que o sentido de Iahweh (= estou convosco) se amplia de forma verbal (= estou nas palavras de Moisés).

Estamos na linha daquilo que o Novo Testamento afirmará ao dizer que o próprio Espírito de Deus falará ao final através das testemunhas da fé messiânica (Mc 13,11); culminando esse caminho, diremos que Jesus (= Novo Moisés) é a própria palavra de Deus encarnada (Jo 1). Pois bem, aqui se quer mostrar que a vocação fundante de Moisés implica uma legitimação de sua palavra. Não é preciso a purificação dos lábios, como em Is 6 e Jr 1. Deus mesmo se revela neles (e na boca) como fonte de palavra criadora. *Iahweh* significa para Moisés *eu falarei por tua boca*, ou seja, *eu serei a fonte de tua palavra*. Dentro da presença geral de Deus faz-tudo (dá ao homem boca e olhos...), desvela-se agora *a presença particular* do Deus Iahweh que se torna palavra libertadora e legisladora pelos lábios ou boca de Moisés.

Parece que chegamos ao limite, mas ainda não o ultrapassamos. Moisés se atreve a apresentar sua *sétima dificuldade*, introduzida de novo de forma cortês, mas audaz, por outro *Ki Adonai*! (*Por favor, meu Senhor*) *lah-na'byad tilah*. A frase é difícil de traduzir: "envia tua mensagem por aquele que devas enviar", "envia quem te sirva na missão!" (4,13). Moisés parece indigno e quer que Deus se fixe em outra pessoa! Pois bem, como no caso anterior, pouco importa a possível dificuldade autobiográfica de Moisés, e sim o sentido e a amplitude de sua mensagem. Trata-se, evidentemente, de uma *objeção literária*: põe-se aqui para que se possa expressar plenamente o sentido e amplitude da palavra de Deus.

O leitor minimamente iniciado na arte dialogal hebraica notará que nos encontramos no limite: a sétima objeção será a decisiva! Assim o indica também o fato de que se acenda a ira de Iahweh, como a indicar que já se encerrou sua paciência. Deus tem de responder e responde agora de uma forma plena e final, introduzida ao lado de Moisés uma outra personagem: Aarão, o levita. Assim aparece, junto a Moisés, o fundador do povo, o *sacerdote* que interpreta e expande sua palavra. O conjunto do texto (4,4-17) expressa com toda nitidez a relação entre Moisés (= líder fundante de tipo libertador e legislador) e Aarão (= sacerdote que acolhe sua palavra, tanto em chave sacral como doutrinal). Um estudo detalhado das funções de Moisés e Aarão nos levaria demasiado longe, obrigando-nos a repensar grande parte da história israelita. É possível que Aarão represente aqui não só o levita-sacerdote, mas também o escriba posterior que reinterpreta a palavra de Moisés ao longo das gerações. O texto é paradoxal e talvez só dessa maneira seja interpretado. A meu juízo são estes seus momentos:

1) *Moisés* há de contar com outros que agora (e ao longo dos séculos) expandam sua palavra. Assim se vem a apresentar como Elohim, um ser divino, para aqueles que escutam sua mensagem. Não poderia ser dito melhor de outra forma: Moisés será presença de Deus (Elohim) e assim porá sua palavra (que provém de Deus) na boca de Aarão, ou seja, dos sacerdotes e escribas posteriores.

2) *Aarão* carece de autonomia. Surge quando Deus já se revelou! Este é um dado que resulta absolutamente significativo e diferente; dentro de Israel, a função sacerdotal é derivada! O sacerdote (e logo o escriba) vem sempre depois, quando Deus se revelou e sua lei se encontra já assentada. A tradição israelita guardará sempre a memória deste dado: no princípio está a graça libertadora e a justiça (palavra de Moisés); só num segundo momento (como boca que expande a palavra de Moisés) podem vir os sacerdotes (e escribas).

3) *Mas, num segundo momento, ambos estão unidos*: desde o momento em que Aarão recebe a palavra de Moisés, vinculando-se com ela, pode-se afirmar que os dois se convertem num mesmo princípio de revelação: "e eu estarei em tua boca (de Moisés) e na dele (de Aarão) e vos ensinarei o que havereis de fazer (=dizer)" (4,15). Esta certeza de que o ministério de Moisés (nunca outro distinto) continua presente através de Aarão (sacerdotes e escribas) no povo israelita constitui o princípio de sua identidade religiosa.

Não poderia ter sido dito de forma mais bela ou mais precisa. A vocação de Moisés, como antecipação de seu encontro com Aarão, converte-se em fonte e centro da vocação de todo o povo israelita. Acendeu-se a ira de Deus (4,14) precisamente no momento em que, ante a insistência de Moisés, devem revelar-se os caminhos e processos mais profundos da história israelita: tudo já está dito (em Moisés) e tudo deve desenvolver-se através do ministério de Aarão.

Entre Moisés e Aarão existe um vínculo intenso e uma diferença fundamental. *Moisés* foi um homem único, num determinado momento da história, receptor da revelação de Deus e princípio da história salvadora. Sua vocação se realizou uma vez e para sempre. Uma vez e para sempre veio a realizar-se o Êxodo do Egito, por isso seu carisma permanece inigualável, como bem souberam os israelitas. *Aarão*, ao contrário, aparece como função; mais que um homem concreto, no princípio da história, é uma estrutura sacerdotal que se repete de geração em geração: é o sacerdócio, mediador de ensinamento e atualização da lei ao longo dos séculos.

Esta dualidade de personagens serve para marcar a diferença existente entre o fundante, ou seja, aquilo que foi dado uma vez e para sempre, de maneira que não pode repetir-se (Moisés, a Torá do Sinai) e o que sempre se repete e atualiza (Aarão). Moisés não deixa sucessores: existiu uma vez e para sempre. Aarão, pelo contrário, deixa sucessores, de tal forma que seus herdeiros no sacerdócio e interpretação da lei continuam tendo a mesma autoridade que ele teve ao lado de Moisés.

Dessa forma, na vocação de um (Moisés) já está contida a função de interpretar e atualizar dos que vão guiando o povo (Aarão). Nesta dualidade de planos se encontra condensada toda a história israelita: só porque Moisés foi insistente e perguntou sete vezes sabemos agora o que significa seu chamado para os séculos sucessivos.

7. Conclusão

Cumpriu-se o número das sete objeções ou perguntas (1ª: 3,11; 2ª: 3,13; 3ª, 4ª e 5ª: 4,1; 6ª: 4,10; 7ª: 4,13). Deus ao fim diz a Moisés que tome o bastão de poder e se coloque a caminho (4,17). Só resta uma breve conclusão: *Moisés se foi e se despediu de Jetro* (4,18). Dessa forma, com a dupla referência a Jetro, começa e termina em inclusão o relato propriamente dito: 3,1 e 4,18.

O texto final é muito sóbrio, ocultando e revelando o essencial. Moisés silencia diante de Jetro o essencial, qual seja, a revelação e mandamento de Deus, apresentando a volta ao Egito como expressão de um desejo de ver seus "irmãos". *Jetro* parece entender e lhe deseja uma viagem em paz. Desta forma começa a marcha: o chamado de Deus desencadeou um caminho de libertação que manteve viva a esperança de Israel durante séculos. Nós, cristãos, cremos que este grande chamado de Israel (centrado em Moisés) culminou no chamado (vida e morte) do Filho de Deus que é Jesus Cristo. Para mostrar as conexões entre Moisés e Jesus seria preciso um estudo mais detido dos textos e temas. Mas isso ultrapassa os limites deste estudo.

8. Apêndice

8.1. Sugestão de leituras

Ex 1–18: chamado de Moisés, êxodo e chegada ao deserto
Ex 19–34: teofania do Sinai, aliança e pecado; o santuário
Nm 10–25: caminho pelo deserto
Dt 31–34: últimas disposições e morte de Moisés

8.2. Textos ilustrativos

> Tomaremos Moisés como modelo. Daremos antes de tudo uma visão rápida de sua vida, tal como a Escritura ensina. Depois buscaremos o sentido espiritual que corresponde à história, para encontrar ali uma regra da virtude. E, desta maneira, aprenderemos a conhecer o que é a vida perfeita para os homens...
>
> Esta é, pois, Cesáreo, homem de Deus, a breve exposição que eu te ofereço sobre o tema da perfeição da vida virtuosa; nessa perspectiva eu descrevi a vida do grande Moisés como exemplar ou protótipo de beleza, a fim de que cada um de nós, imitando suas obras, transcreva em si a imagem desta beleza que nos foi proposta (S. Gregório de Nissa. *A vida de Moisés* 14 e 319, começo e fim da obra; edição crítica em SCh 1, Cerf, Paris, 1968, p. 54 e 324).

– Adiante, Moisés:
Quando Israel estava na terra do Egito,
deixai partir o meu povo,
sob a dura opressão insuportável,
deixai partir o meu povo.

– Adiante, Moisés!
Entra no Egito
e dize ao Faraó
que deixe partir o meu povo.

Assim falou o Senhor, diz audazmente Moisés,
deixai partir o meu povo,
senão, farei morrerem vossos primogênitos,
deixai partir o meu povo (Refrão)

O inimigo não resistirá,
deixai partir o meu povo,
e possuireis a fértil terra de Canaã,
deixai partir o meu povo. (*Refrão*)

Não vos perdereis no deserto,
deixai partir o meu povo,
com a luz acesa em vosso peito,
deixai partir o meu povo.

(J. Hersch [ed.]. *El derecho de ser hombre*. Bogotá, Sígueme/Colsubsidio/Unesco/Salamanca, 1973, p. 561; Espiritual negro)

8.3. Perguntas orientadoras

1. Em que contexto bíblico se situa a vocação de Moisés?
2. Como se relaciona a vocação com a história do nascimento de Moisés em Ex 1–2?
3. Como se relacionam e se distinguem as obras de Deus: escuta, olha, recorda-se?
4. Que significa o conhecimento de Deus?
5. Que sentido tem a sacralidade da montanha?
6. Por que se unem arbusto e fogo na teofania?

7. Que nome de Deus a narração utiliza?
8. Por que Moisés tem de tirar as sandálias?
9. Como se relaciona o Deus dos Pais com Iahweh?
10. Que relação há entre *eu sou o que sou* e *o nome de Iahweh*?
11. Como se vinculam escravidão dos hebreus, vocação de Moisés e libertação?
12. Quantas dificuldades Moisés apresenta a Deus?
13. Por que se diz que Jesus é o novo Moisés?
14. Como pode aplicar-se a vocação de Moisés ao nosso tempo?
15. Por que cremos na vocação de Moisés?
16. Pode-se dizer que a vocação de Moisés é fundamental para os cristãos?
17. Como Moisés e Aarão se complementam?
18. Como se vinculam e distinguem os aspectos religioso e político na vocação de Moisés?
19. Por que Moisés influi na celebração da Páscoa cristã?
20. Em que se relaciona e distingue Deus como Iahweh e como Pai de Jesus?

Distinguir e relacionar os momentos fundamentais da vocação de Moisés: busca humana, teofania, medo, revelação, objeções, provas ou sinais... Sua relação com a vocação cristã (com nossa vocação).

CAPÍTULO 4

Isaías, vocação de santidade e julgamento de Deus (Is 6)

Há na Bíblia diversos relatos de chamado ou *vocação* que vão forjando isso que poderíamos chamar a *fisionomia espiritual* do povo. No princípio encontramos *Abraão* (Gn 12,1-9) como modelo de ruptura ante todos os povos ao redor: ele representa a figura do pai originário em que todos os filhos de Israel se reconhecem sustentados. Logo vem *Moisés* (Ex 2–4), eleito como grande líder que liberta o povo da escravidão do Egito para conduzi-lo ao encontro com Deus na montanha, caminhando rumo à Terra Santa. Depois encontramos juízes e profetas como *Gedeão* (Jz 6,11-24), Samuel (1Sm 3), Eliseu (2Rs 2,1-18), Amós (Am 7,10-17) e Oseias (Os 1,1-9), dos quais temos conservados relatos mais ou menos diretos de chamado para um ministério a serviço do povo.

Em todos estes casos descobrimos o mistério e a novidade da *vocação religiosa*, entendida como uma experiência a serviço dos outros. O dado não é evidente. Dentro da espiritualidade hindu, sobretudo na corrente advaita ou não dualista, a vocação não consiste em outra coisa senão na descoberta da própria sacralidade interior; supera-se a ruptura precedente e começa a ser, vivendo a partir de si, em si mesmo; não é preciso que ninguém o desperte, muito menos o envie. O divino se encontra dentro de cada um. Mas para os israelitas a experiência religiosa é uma verdadeira vocação, no duplo sentido da palavra. *Alguém me chama*: descubro a presença de um "tu" divino que me fala, dizendo meu nome e fazendo-me viver em verdade *para os outros*. Toda vocação é um envio, uma espécie de ruptura criadora; deixo de ficar fechado em mim mesmo, rompo o equilíbrio com meu entorno e me converto em profeta ou missionário; eu mesmo devo expandir e ampliar a voz de Deus para os outros.

Talvez ninguém tenha alcançado expressar com mais força essa experiência de vocação que o profeta Isaías, no relato autobiográfico contido em Is 6. O relato está datado (*no ano da morte do rei Ozias*, ou seja, em 739 a.c.), mas é comum aceitar que sua redação definitiva seja posterior; o texto foi escrito para servir de introdução ao *Livro do Emanuel* (7–11), onde se encontram fundamentalmente os oráculos pronunciados por Isaías no tempo da crise ou guerra siro-efraimita (735-731 a.C.). O profeta olha para trás e na própria experiência de sua vocação descobre o que foi sua tarefa: abre diante do povo o caminho da fidelidade a Deus, e o povo o rejeita; pede justiça, mas o rei e os grandes da terra preferem a injustiça.

Da perspectiva de um fracasso que parece irremediável, o profeta retorna a seu princípio e descobre no mesmo Deus a razão e o sentido paradoxal desta rejeição, com a ruína que significou para o povo. Como testemunha de Deus, Isaías tem de dar testemunho do que viu, apresentando assim a fonte de onde proveio sua mensagem. Deus mesmo o chamou e em nome de Deus realiza sua tarefa.

É evidente que o transcorrer dos anos suscitou isso que os teóricos chamam uma *fusão de horizontes*: a visão antiga se mescla com a nova, de tal forma que uma deve ser interpretada a partir da outra. Mas esta fusão não é confusão, pelo contrário: é iluminação mútua, como indicaremos no comentário que se segue. Comecemos apresentando o texto.

Is 6

⁶,¹No ano em que faleceu o rei Ozias, vi Adonai sentado sobre um trono alto e elevado. A cauda de sua veste enchia o santuário.
²Acima dele estavam serafins, cada um com seis asas; com duas cobriam a face, com duas cobriam os pés e com duas voavam.
³Eles clamavam uns para os outros e diziam:

– Santo, santo, santo é Iahweh Zebaot,

a sua glória enche a terra.

⁴À voz de seus clamores os gonzos das portas oscilavam enquanto o Templo se enchia de fumaça. ⁵Então eu disse:

– Ai de mim, estou perdido!

Com efeito, sou um varão de lábios impuros

e vivo no meio de um povo de lábios impuros.

Porque meus olhos viram o Melek (rei) Iahweh Zebaot!

⁶Nisto, um dos serafins voou para junto de mim, trazendo na mão uma brasa que havia tirado do altar com uma tenaz. ⁷Com ela tocou-me os lábios e disse:

– Vê, isto te tocou os lábios,

tua iniquidade está removida,

teu pecado está perdoado.

⁸E ouvi a voz de Adonai que dizia:

– Quem hei de enviar? Quem irá por nós?

Ao que respondi: – Eis-me aqui, envia-me a mim.

⁹Ele me disse:

– Vai e dize a este povo:

Ouvi certamente, mas não entendereis,

Vede certamente, mas não compreendereis.

¹⁰Embota o coração deste povo,

torna-lhe pesados os ouvidos, tapa-lhe os olhos,

para que não veja com os olhos,

não ouça com os ouvidos,

seu coração não compreenda,

não se converta e eu o cure.

¹¹A isto perguntei: – Até quando, Adonai? Ele respondeu:

– Até que as cidades fiquem desertas, por falta de habitantes, e as casas vazias, por falta de moradores; até que o solo se reduza a ermo, a desolação; ¹²até que Iahweh remova para longe seus homens e no seio da terra reine uma grande solidão.

¹³E, se nela ficar um décimo, este tornará a ser debastado como o terebinto e o carvalho que, uma vez derrubados, deixam apenas uma *massebah* (um toco); sua *massebah* (toco) será uma semente santa (Is 6,1-13).

1. Teofania (Is 6,1-4)

No ano da morte do rei Ozias. Assim começa o texto, datando com nitidez o ano da experiência profética. Não se trata de um tempo qualquer no transcurso das estações. É um tempo qualificado pela *morte do rei*. Para o reino de Judá e Jerusalém, o rei é sinal de Deus, é a mais forte de suas teofanias (em união com o templo). Pois bem, o rei morre e nesse mesmo ano, marcando um tempo novo da presença e atuação de Deus, Isaías tem uma experiência criadora no templo. Tudo o que se dirá a seguir deve ser entendido na perspectiva de uma coroação real nova: a própria palavra de Deus através de Isaías traça o sentido do reino sobre o mundo.

O rei que morre não é um qualquer, mas *Ozias* (que alguns costumam chamar também de Azarias). 2Rs 14,21-22; 15,1-7 diz que ele sofreu uma enfermidade da pele, razão pela qual teve de viver recluso. 2Cr 26,1-23 desce a detalhes na especificação do sentido de suas obras e do caráter de sua enfermidade. É evidente que suas explicações resultam tendenciosas, mas no fundo delas encontramos dados muito importantes para entender a cena da vocação de Isaías. Podemos resumi-lo assim:

a) *Ozias foi muito poderoso*: estendeu as fronteiras de Judá, organizou militarmente seu reino com fortificações e artefatos guerreiros até então desconhecidos. Com sua própria força militar veio a se colocar no lugar onde Deus deveria ser encontrado.

b) *Ozias quis fazer-se sacerdote*. O texto diz que ele "pretendeu queimar incenso no altar dos perfumes" (2Cr 26,26), ocupando dessa forma o lugar reservado aos sacerdotes. Estas palavras refletem a disputa entre o rei e o sacerdote (chamado aqui Azarias): ambos pretendem expressar a santidade de Deus na terra.

c) *Ao final Ozias teve lepra*. Com sua peculiar teologia da retribuição, 2Cr 26,19-20 afirma que a enfermidade impura chegou a Ozias como castigo no momento em que tratava de se oficiar sacralmente no templo. Como rei enfermo e maldito ficou recolhido a um leprosário. Seu filho Joatão teve de se encarregar da administração política do reino; os sacerdotes estavam sem rival no templo.

Sobre este pano de fundo deve ser entendida a notícia inicial de nosso texto. O ano da morte do rei leproso deve marcar um começo novo de "pureza" e fidelidade para o povo. Assim Isaías o descobre, encontrando-se precisamente no templo, imerso em uma espécie de grande ritual entronização-consagração e envio.

Vi. Todo o texto se apresenta agora como uma contemplação, ou seja, como uma *visão em profundidade*. É possível que estejamos num *espaço cultural*: no entorno de Israel, os fiéis dos cultos pagãos vinham aos templos "ver a imagem" do Deus que era sinal de sua mesma realidade celeste. No templo de Jerusalém não há imagem, mas se pode ver a Deus, de um modo distinto, em manifestação transformadora de sua presença. Assim deve ser interpretado tudo o que se segue. Isaías participa de um gesto cultural no templo de Jerusalém; há brasas fumegantes sobre o altar; há possivelmente serafins, como aqueles aos quais se alude em diversos contextos culturais (2Rs 18,4 e Nm 21,6-8; Dt 8,15); tudo isso se transfigura e Isaías "vê", descobre, na verdade, a presença divina.

Dessa forma *assume* a função do templo, aceitando-a como princípio de sua experiência; porém, ao mesmo tempo, *supera-a*: a verdade do Deus do templo se expressa em forma de teofania superior e palavra de envio. Isaías mesmo aparece como o delegado de Deus sobre a terra. Mas não adiantemos.

Vi Adonai. Quis conservar o termo *Adonai* para mostrar melhor os matizes da passagem. Mais tarde, no canto dos serafins de 6,3, Deus virá a mostrar-se com seu nome próprio de Iahweh. Aqui aparece com uma palavra genérica que começa significando senhor ou rei. É bem possível que se queira mostrar a oposição: morreu Ozias, o *melek-rei* leproso, impuro; em seu lugar Isaías viu o autêntico *Adon*, Senhor a quem os homens devem respeito e obediência. Porém, já não diz *Adon* (Senhor), mas *Adonai* (meu Senhor, da mesma forma que o francês mon-sieur, o italiano mon-signore e o castelhano mon-señor), o que começava sendo "meu senhor" agora é "o senhor". Esta descoberta do senhorio de Deus sobre (a partir de) o templo marca toda a experiência posterior de Isaías. Mais tarde, quando a tradição israelita (desde o século III a.C.) tiver medo de pronunciar-profanar o nome de seu Deus (Iahweh), irá substituí-lo sempre por Adonai, o Senhor, que aqui aparece manifestando seu autêntico poder em teofania criadora.

Sentado num trono alto e elevado. Fica mais clara a visão de Deus como rei. O Adonai que Isaías viu não é um sacerdote que oficia no templo, sacrificando animais ou queimando sua gordura no fogo do altar; é um *rei sentado* em trono alto, *entronizado* para sempre. Assim aparece em muitas representações do Oriente; assim o apresentaram mais de uma vez os israelitas, de tal forma que a própria referência ao "trono" acaba por se converter em expressão do divino. Significativamente o texto não descreve os traços de Deus, que é invisível por si mesmo, mas apresenta seu trono, descreve-o como elevado e forte, como fonte de todos os poderes.

Morreu o rei leproso e em Judá segue a linhagem dos reis (primeiro Joatão, logo Acaz). Mas o único rei verdadeiro é Deus e logo seu profeta o descobre. Esta experiência da realeza ou majestade primeira de Deus sobre (em meio a) a história dos homens constitui o ponto de partida e apoio de toda a profecia de Isaías.

A cauda de sua veste enchia o santuário. Ninguém vê a Deus; por isso não podemos nunca contemplá-lo. Ele está acima, fora deste mundo, em sua morada de mistério. O vidente só consegue descobrir a parte baixa de seu trono, o assento em que ele se sustenta. Significativamente, essa imagem do trono vai conduzindo até as pregas ou contornos de seu manto: isso é o que vemos, as bordas de uma veste que descem até o próprio espaço da terra.

Estes contornos da veste de Deus, rei sentado em trono excelso, enchiam o *templo*. A palavra aqui empregada não é a comum *bayt-bet* (a casa templo de Deus), mas *hekal*, que ordinariamente significa "palácio". Deus tem sobre o céu seu palácio, sua morada de glória; ali habita, rodeado de poder. Mas, ao mesmo tempo, esse Adonai se faz presente sobre o templo-palácio deste mundo: vem instaurar seu reinado.

Acima dele estavam serafins. Evidentemente pertencem à corte de Deus, tal como o mostram também outras passagens do Antigo Testamento (Sl 7,8; 82,1; 86,6-9; Jó 2,1; Zc 1,11-14 etc.): Deus reina sobre uma espécie de coro de seres angélicos. A novidade de nosso texto está em apresentá-los com o nome de *serafins, os purificadores* ou *abrasadores*, conforme o que o nome hebraico indica e conforme a função que eles exercem (purificam com fogo os lábios de Isaías, como logo mostraremos).

É possível que estes serafins pertençam à simbologia religiosa do templo de Jerusalém, onde existia (2Rs 18,4) uma serpente de bronze relacionada com as serpentes abrasadoras de que falava a velha tradição (Nm 21,6-8; Dt 8,15). Parecem serpentes aladas: seres misteriosos de fogo e de voo, de vida e de morte, que rodeiam o trono sagrado. A Deus não vemos; só descobrimos seus anjos de fogo. A simbologia do conjunto não poderia ser mais forte, mais formosa.

Quantos são os serafins? Dois, três, uma centena? O texto não o diz, embora possamos supor que se trate de um coro como círculo sagrado de fogo que rodeia o trono de Deus. *Estão de pé*, como que se mantendo firmes diante de Deus, dispostos a receber sua palavra e a cumprir suas ordens. Seus gestos são significativos:

a) *Com duas asas cobriam o rosto*, indicando dessa forma que eles não são dignos nem sequer de ver a Deus. Ninguém pode contemplá-lo; nem os anjos alados de sua corte o descobrem e conhecem.

b) *Com duas cobriam os pés*: talvez se trate de um eufemismo que alude aos órgãos sexuais: também se pode referir a todo o corpo, visto a partir de sua parte inferior. Estes anjos alados se vestem diante de Deus; não podem apresentar-se descobertos diante de seus olhos.

c) *Com duas voavam.* Dessa forma se mantêm quietos em constante movimento, em gesto de suma reverência perante o mistério.

A tradição dos povos está cheia de seres vivos que de alguma forma se parecem com nossos serafins: há esfinges aladas, serpentes voadoras, pássaros-serpentes que escondem e revelam o grande mistério. Mais que anjos em sentido pessoal e espiritual estrito são "poderes superiores" que expressam e escondem ao mesmo tempo o grande poder do divino: o Deus sem rosto se visibiliza de alguma forma nesse rosto do angélico.

Os serafins *cantam*, realizando assim uma espécie superior de liturgia celestial. É evidente que Isaías está evocando o canto dos salmos sagrados que formam parte do ritual do templo. Havia nesse ritual outros aspectos, vinculados a sacrifícios de animais, que o profeta criticou com grande força em Is 1,10-20: "Que me importa o número de vossos sacrifícios? Estou farto de holocaustos de carneiros e da gordura de bezerros cevados; o sangue de novilhos, cordeiros e bodes não me agrada" (Is 1,11). O culto que o profeta busca sobre o mundo é a justiça entre os homens: "erguei o oprimido, defendei o órfão, protegei a viúva" (Is 1,17). Pois bem, no fundo dessa urgência de justiça humana o profeta descobriu um culto superior de pura glória.

No templo verdadeiro, no lugar frontal da glória existe o culto do louvor jubiloso. Os próprios serafins, viventes de fogo-mistério, se tornam palavra, em diálogo antifonal ou repetido de um a outro: Santo, Santo, Santo! Visualizemos a cena: aqui não são necessários sacrifícios (sangue de animais, morte ritual); tampouco é necessária a justiça, pois não existe opressão de tipo algum. O fogo que rodeia Deus se torna palavra, o mistério se torna louvor.

Santo, santo, santo. Qadosh expressa aqui a experiência original de santidade. Dela falaram com muitíssimos detalhes os fenomenólogos da religião, afirmando com frequência que no princípio do caminho do encontro religioso não há experiência de Deus (como realidade pessoal), mas apenas experiência do santo ou numinoso. Santo seria o distinto, aquilo que se impõe sobre o homem, arrancando-o do espaço de sua vida ordinária (o profano) e fazendo-o descobrir um campo de existência diferente, marcada de poder e transcendência. Pode-se manter essa visão talvez num plano geral, mas aqui ela carece de sentido: não descobrimos primeiramente a santidade para depois chegar a Deus, mas partimos de Deus para então descobrir a santidade como sua nota originária.

No centro do canto dos serafins não está o *santo-qadosh*, mas a descoberta de *Iahweh* como Deus pessoal da história israelita, Deus que agora se manifesta no templo, rodeado pelo fogo-canto dos serafins. Não partimos da santidade, mas de Iahweh que se mostra como foco e fonte de santidade. Podemos esquematizar assim a voz do canto:

1) *Iahweh*. Os serafins não podem contemplar o rosto de Deus, mas conhecem seu nome e o cantam, reatualizando assim a experiência originária de Moisés em Ex 3,14-15, quando descobre a Deus como Iahweh: o que é, age, está presente. Proclamar o nome de Deus: eis o sentido fundante dos anjos; os israelitas conhecem esse nome e podem cantá-lo (ou silenciá-lo, como farão mais tarde), sendo dessa forma o povo de Deus sobre a terra.

2) *Iahweh Zebaot*. Isaías o havia apresentado como Adonai ou (meu) Senhor (Is 6,1). Aqui o vincula com o grande exército do céu e com a vitória que se alcança com a guerra santa. *Zebaot* alude ao céu: o exército de estrelas

que Deus chama e mantém como grande e elevado, acima de nós. Mas, ao mesmo tempo, essa palavra alude ao tema da guerra santa que Deus mesmo sustenta em relação ao mundo. Conforme a ideologia de Sião, que Isaías desenvolveu com grande força, Deus defende com seu "exército" os fiéis de seu povo. Ante Ozias, rei inútil-impuro, aqui se elevou o rei forte do exército celeste.

3) *A sua glória enche a terra*. O termo empregado aqui é *kabod*, que significa honra, prestígio, glória. Trata-se de um termo que de longa data carrega um fundo cúltico: diz-se assim no Salmo 29, de provável origem cananeia, que Deus mesmo se rodeia de sua glória e que seus anjos lhe cantam "glória" no templo dos céus. Nas passagens centrais da constituição do culto israelita (Ex 24,15-18; 40,34-35; Lv 9) se afirma que a glória ou *kabod* de Deus desce e preenche como nuvem a morada de seu templo. Pois bem, aqui esse modelo aparece retomado e expandido: a glória de Deus se expande partindo do templo de Jerusalém, envolvendo assim todo o mundo (*kol ha'ares*).

Estamos diante de um relato fundante que pode de alguma forma ser comparado com o texto de Gn 1,1: "no princípio Deus criou os céus e a terra". Isaías 6,3 fala de *Iahweh Zebaot*, que é o Deus do céu, acrescentando que sua glória ou *Kabod* alcança toda a terra. Aqui não há lugar para nenhum tipo de pessimismo ontológico; não há experiência de negatividade originária. Pelo contrário: Deus se veio revelar como o Senhor Universal. Não há povos sagrados e outros apenas profanos; não há terras santas e terras condenadas. Toda a terra é lugar da glória de Deus, expressão de sua presença criadora.

A partir daqui se deve entender o tema da *santidade* de que nos fala o canto dos serafins. Num sentido muito geral, poderíamos dizer que cada um dos três grandes profetas do século VIII a.c. desenvolveu um aspecto primordial de Deus: a justiça (Amós), a misericórdia amorosa (Oseias) e a santidade (Isaías). Com esse tema Isaías nos situa na linha de uma revelação sacerdotal que encontramos refletida em Lv 19,2: "sede santos porque eu, Iahweh, vosso Deus, sou santo". O mesmo código ritual assinala no Levítico a forma de expressar sobre a terra a santidade de Deus, em gesto de pureza pessoal e social ligada ao culto. Para Isaías, ao contrário, a revelação da santidade de Deus aparece vinculada à missão profética que segue: só no conjunto do texto, tal como culmina com a referência à "semente santa" de Is 6,13, sabemos o que significa a santidade de Deus. Mas voltemos outra vez à sequência da passagem que estamos comentando palavra com palavra.

Os gonzos das portas oscilavam. Estamos no templo: a glória de Deus se estendeu como nuvem-fumaça por toda a terra; tremem as portas do santuário, sacudidas por uma espécie de terremoto sagrado. Podemos assim recordar os elementos principais da teofania do Sinai: "toda a montanha do Sinai fumegava, porque Iahweh descera sobre ela no fogo; a sua fumaça subia como a fumaça de uma fornalha, e toda a montanha tremia violentamente. O som da trombeta ia aumentando pouco a pouco; Moisés falava e Deus lhe respondia no trovão" (Ex 18,18-19). Aquela voz de Deus, acompanhada de fogo-fumaça e terremoto, se havia explicitado nas dez grandes "palavras" (*debarim*) dos mandamentos (Ex 20). Aqui também temos algo semelhante:

1) *O terremoto* significa perda de estabilidade: o próprio templo (no céu e no mundo) fica como que sacudido pela intensidade do louvor.

2) *A voz angélica* do canto de Is 6,4 situa-se no mesmo lugar do som da trombeta de Ex 19,19.

3) *A fumaça do templo* é a expressão da tormenta-fogo que ardeu no Sinai no momento da antiga manifestação de Deus.

Dessa forma se uniram os *elementos sinaíticos* da tradição antiga (do Êxodo) com os traços próprios de uma *teofania no templo*. Logicamente, Jerusalém começa a ocupar o lugar antes reservado ao monte Sinai: o templo se apresenta como espaço privilegiado de presença de Deus e princípio de "lei" para o povo. Talvez sem o buscar expressamente, Isaías recebe agora os traços de Moisés: está disposto a escutar a voz de Deus no (ou a partir de) lugar de sua revelação.

No entanto, dentro da continuidade encontraremos grandes diferenças. *Moisés recebeu a lei* primeira: por isso pode continuar aparecendo como legislador fundante no começo e no desenvolvimento da vida de seu povo. *Isaías é profeta* num momento posterior e assim recebe a tarefa de um anúncio conflitante para o povo. Mas com isso adiantamos os temas. Vejamos a passagem seguinte.

2. Purificação

Então eu disse. O profeta viu (*wa'er'h*), ou seja, contemplou em estado de transe ou de transcendência o próprio ser do divino: Deus o fez ver, se lhe manifestou (Is 6,1-4). A visão se converte agora em palavra: o profeta responde à visão dizendo, ou seja, dizendo-se a si mesmo: *waomar*. Toda sua vida se torna palavra: homem (e especialmente profeta) é quem sabe dizer, vivendo assim no nível da conversação.

Ai de mim (*'oi li: ai para mim*). A visão divina desperta a *consciência do eu*. Por duas vezes se repete a palavra (*'anoki*:

eu), em forma que resulta claramente enfática dentro da passagem. A visão de Deus não me destrói, não me nega nem me perde, lançando-me no vazio da impessoalidade; pelo contrário, o mesmo poder de santidade que parece aniquilar-me me sustenta ou, melhor dizendo, me gera, fazendo-me sentir minha própria realidade em dimensão de profundidade. Talvez pudesse dizer que *eu* é aquilo que surge e se sente a partir do próprio poder de revelação do divino.

Estou perdido! Alude-se aqui ao *pavor da morte*, normal nos momentos centrais da teofania (cf. Ex 33,20: ninguém pode ver meu rosto e permanecer vivo; Jz 6,22-23; 13,22). O homem só pode manter-se vivo porque Deus oculta seu rosto, deixando-nos assim nesta semiobscuridade do mundo. Quando Deus rasga seu véu e o podemos contemplar mudamos também nós: entramos no profundo do mistério, morrendo para tudo que fora o ser-fazer de nosso mundo velho.

A palavra *estou perdido* (= *hei de morrer*) expressa, por um lado, o grande pavor de quem rompeu os limites normais deste mundo e sabe que todo o anterior já perde (perdeu) seu sentido; mas, ao mesmo tempo, expressa o gozo indizível daquele que viu o outro lado das coisas, contemplando-as assim por outra perspectiva. Esta é uma experiência de *morte* e novo *nascimento*. Morte significa aqui ruptura: Isaías já cumpriu *seus* "anos", percorreu seus "passos"; de agora em diante há de se encontrar vivendo do outro lado, para além da fronteira da morte (a partir do divino).

Aqui está o *paradoxo*. Por um lado continua sendo o homem de *lábios impuros*, atado à palavra velha e vã, impotente, da terra. Mas, por outro lado, viu o *rei Iahweh Zebaot*, formando desde agora parte ou momento de sua "corte", de sua glória. Mas vejamos cada uma das expressões da passagem.

Sou um varão (homem) de lábios impuros. O texto desenvolve logo uma antropologia corporificada muito rica, apresentando o ser humano como olhos-ouvido-coração (Is 6,9-10). Pois bem, agora todo o ser humano do profeta é interpretado como *lábios*, isto é, como princípio e poder de *palavra*. Deus se mostrou a ele (= viu); agora tem de dizer (dizer-se) e não pode, descobre-se impuro.

Notemos a diferença. Os *serafins* podem dizer e dizem *Santo!*; dessa forma traduzem seu voo de fogo em palavra de louvor. *Isaías*, pelo contrário, não pode proclamar a santidade de Deus e só diz (confessa) sua impureza. Ficam em segundo plano todos os possíveis componentes de sua "personalidade": alma garganta (*nefesh*), coração (*leb*), carne (*bashar*). Situando-se perante o poder-pureza de Deus o homem se desvela como possibilidade de palavra, ou seja, como *lábios* (*shephatim*). Isto é o homem: lábios impuros que devem responder a Deus e não podem, em diálogo turvado e rompido com o mistério.

Ao canto da pureza de Deus (Santo!) respondem com estremecimento seus lábios impuros. Isto significa que quer responder e não pode; necessita introduzir-se no canto de pureza dos serafins, mas é incapaz de fazê-lo. Por isso responde *Ai de mim*. A morte é interpretada assim como falta de conversa com Deus, carência (imundice) de palavra. Todo ser humano se condensa dessa forma como desejo e carência de palavra. É significativo o fato de que o profeta se sinta ao mesmo tempo como indivíduo e como parte de um grupo humano:

1) *Eu sou* um homem de lábios impuros, como já assinalei: diante da glória de Deus emergiu a primeira pessoa do profeta, como sujeito de responsabilidade, como alguém que quer falar e não pode.

2) *Vivo no meio de um povo de lábios impuros.* O horizonte se expandiu. O profeta não está só, não é um ser isolado: vive no meio de um povo que não sabe falar. Todo o restante da passagem indicará a relação entre o *profeta* (cujos lábios serão purificados) e o *povo* (outra vez citado em Is 6,8) que não quer purificar-se (não quer escutá-lo).

Porque meus olhos viram o Melek (rei) Iahweh Zebaot. Assim culmina a palavra do profeta: confessa seu pecado (*lábios impuros*), confessando a grandeza de sua visão (*seus olhos* contemplaram). Leva Deus nos olhos; mas não pode levá-lo ainda nos lábios. Essa é sua dor, seu lamento de morte. Nestas palavras de sua confissão se expressa em plenitude o ser divino:

1) *É o rei: ha-melek.* Seguimos no ano da morte do rei Ozias (6,1). Ante o rei leproso Isaías descobre a Deus como o rei verdadeiro; já não o chama Adonai (meu senhor) como no texto anterior, mas o rei: *ha-melek*.

2) *Iahweh.* No fundo da passagem parece estar a velha confissão de fé judaica, muito própria dos salmos de Sião, onde Iahweh aparece como rei (cf. Sl 47,9; 93,1; 97,1; 99,1 etc.). Isto nos situa provavelmente no contexto de uma festa de coroação: canta-se a Iahweh como rei celeste; talvez se unja e entronize ao novo rei da terra (Joatão, filho de Ozias). Pois bem, o profeta só reconhece como verdadeiro o reinado de *Iahweh-melek*.

3) *Zebaot.* Por isso se repete a palavra "Zebaot", dos exércitos, com um sentido que será fundamental ao longo de toda a mensagem de Isaías: os israelitas devem renunciar às armas (pactos militares, guerras) deste mundo, pondo sua confiança só no exército (poder, presença) do Iahweh celeste.

Culmina assim o sentido da *visão*: Isaías descobriu a realeza de Iahweh. Certamente seus lábios estão manchados (é pecador, pequeno). Mas Deus descobriu seu véu de realeza para oferecer-lhe algo, ou seja, para pedir sua colaboração. E com isto entramos no tema estrito da purificação e investidura.

Nisto, um dos serafins voou para junto de mim. O coro de voo-louvor de Deus se rompe num instante. Um serafim se aparta do grupo, atravessa o espaço celeste e vem voando até o vidente. Dessa forma exerce sua função *mediadora*: por um lado é (segue sendo) o fogo de glória (santidade) de Deus; por outro é servidor sagrado para o homem. Deus conserva sua transcendência, mas ao mesmo tempo vem apresentar-se como aquele que está próximo, voando por seu anjo (serafim) até os homens. Naquele preciso lugar em que Deus, sendo invisível, se revela por seu anjo purificador ou serafim, habita agora o que há de ser profeta.

Trazendo na mão uma brasa que havia tirado do altar com uma tenaz. Na imagem se mesclam e fecundam os dois mundos. O texto alude ao *altar do templo deste mundo* onde se queimam os sacrifícios e arde o incenso, convertendo-se em nuvem de fumaça. Mas também pode aludir e alude ao *altar do templo celeste* onde habita Iahweh com sua corte de fogo (serafins). No primeiro sentido a imagem deve ser entendida ao pé da letra: além das asas com que o serafim cobre o rosto-corpo e voa, ele possui uma mão, que leva o fogo de Deus. No segundo sentido poderíamos dizer que o serafim celeste toma e traz até o profeta o mesmo fogo de seu canto purificado. Dessa forma Isaías penetra no âmbito de pureza- -palavra dos serafins para traduzir na terra sua tarefa em forma de denúncia criadora.

Com ela (a brasa) tocou-me os lábios e disse: Vê, isto te tocou os lábios. Como costuma acontecer nos grandes sinais, também aqui se vincularam *o gesto* (tocar com a brasa nos lábios) e *a palavra* (dizer o que isso significa). Estamos diante de um verdadeiro rito de investidura profética: sabemos que *o rei* é ungido com óleo, em sinal de purificação e realeza (cf. 1Sm 10,1; 16,1.13; 1Rs 1,39). Já *o profeta* deve ser consagrado com a purificação de seus lábios.

O gesto estava preparado pela mesma voz do profeta que havia apresentado seus lábios como *impuros* perante a visão e a palavra dos serafins. Os mesmos serafins (um deles) *purificam e consagram* esses lábios, dando-lhe assim uma *boca nova* (o texto identifica lábios-boca), ou seja, uma *palavra nova*. O gesto é por si mesmo significativo:

a) *É fogo e morte*. Com a brasa do altar ou com seu próprio fogo, o serafim queima os velhos lábios de Isaías, destrói ou aniquila suas palavras anteriores em liturgia dolorosa.

b) *É nova criação*. Os novos lábios-boca de Isaías ficam agora assimilados à santidade de Deus; dessa forma sua palavra vem apresentar-se como expressão da nova e verdadeira palavra de Deus na terra. Quem diz palavra de Deus, é um profeta.

Tua iniquidade está removida, teu pecado está perdoado. Uma tradição antiga, recolhida, sobretudo, no livro do Levítico, fixou com toda precisão as formas do perdão e expiação no contexto do culto: todos aqueles que pecaram devem aproximar-se e oferecer um sacrifício purificador; o próprio povo em seu conjunto deve apresentar-se diante de Iahweh em gesto solene de confissão de pecados e expiação ritual. Esse gesto penitencial de confissão-purificação converte-se depois do exílio em traço principal da vivência religiosa israelita. Aqui estamos no mesmo contexto, mas os elementos culturais humanos desapareceram; é o próprio Deus (por seu serafim) que purifica com fogo recriador o seu profeta (os homens) que ele escolhe.

A palavra principal do texto é *tekuppar* (está perdoado) teu pecado. Ela nos leva até o próprio ritual de expiação, detalhado em Lv 16 (e em toda a liturgia penitencial israelita). *Só Deus expia*, isto é, perdoa e purifica. Mas *o homem* deve dispor-se pelo sacrifício, dentro de um ritual bem programado que se desenvolve no templo. Pois bem, em nosso caso todos os intermediários humanos ficam superados. Deus mesmo purifica o profeta, por meio do serafim-fogo que expressa sua pureza (santidade).

Ficam fora os *rituais* que se repetem a cada ano, como dirá mais tarde Hb 9, sem nunca purificar de todo os culpáveis. Segue a grande festa dos sacrifícios exteriores, que não logram purificar ninguém, pois as mãos de uns e outros estão cheias de sangue (ou seja, de injustiça e morte). Assim dirá o profeta:

> Buscai o direito, corrigi o opressor! Então, sim, poderemos discutir, diz Iahweh: ainda que vossos pecados sejam como escarlate, tornar-se-ão alvos como a neve; ainda que sejam vermelhos como carmesim, tornar-se-ão como a lã (Is 1,17-18).

Só Deus purifica, expia e transforma os mortais, em caminho de novo nascimento. Por isso o *ritual sagrado do templo* resulta insuficiente. Estamos no centro do grande paradoxo de Isaías (e de todos os profetas). *Por um lado aceita o templo* onde se articula a sacralidade que brota do Deus de Sião. Mas, ao mesmo tempo, *supera e transcende o rito do templo*, pondo-se em contato direto e pessoal com Deus.

Isaías não recebeu o perdão ritual dos sacerdotes; sua investidura profética não é fruto de nenhuma cerimônia sacral, realizada no templo. Se lhe perguntam: "Por que profetizas?", terá de dizer: "Porque vi a Deus e Ele em enviou..." Deus mesmo lhe deu boca e lábios novos, capacitando-o para dizer sua palavra em meio a um povo que continua tendo os lábios manchados.

De uma perspectiva posterior poderia ser feita a pergunta pelos pecados de Isaías. De que culpas Deus o purificou? De que iniquidades o limpou? O texto não o diz, mas cabe entender de modo extensivo: de todas! Estamos na linha disso que em outro contexto (de Gn 2–3 a Rm 5) pode-se chamar *pecado de Adão* (do ser humano). Em meio a um mundo manchado pela graça purificadora de Deus, Isaías poderá oferecer e oferecerá uma palavra limpa que brota da mesma santidade divina (de seus serafins).

Aqui não temos nenhuma autojustificação, nenhuma possível chamada ao orgulho. O profeta nunca poderá apresentar-se como alguém melhor que os outros, merecedor da "palavra" por conta de suas obras. Não tem nada de próprio, por isso não poderá gloriar-se de nada. Deus lhe revelou sua santidade e com ela lhe purificou os lábios e a boca, dando-lhe capacidade de pronunciar uma palavra nova.

Estritamente falando, o texto poderia ter terminado aqui. Perguntam ao profeta: "Por que falas?", e ele responde dizendo que *Deus se lhe mostrou*, purificando seus lábios e confiando-lhe sua palavra. Dessa forma apresenta-se ao mundo (aos homens manchados de seu povo) como sinal da santidade de Deus. *Traduzir em palavras* a experiência dessa *santidade de Deus*: tal é a tarefa do profeta; para isso seus lábios foram queimados. Um homem convertido em portador da palavra de Deus, este é o profeta. Já está purificado-investido. Já pode atuar. O texto o amplifica e precisa cuidadosamente nos versículos seguintes.

3. Envio e mensagem

Os versículos que vêm a seguir explicitam o envio e condensam o sentido da mensagem, tal como o próprio Isaías o viveu-entendeu nos primeiros anos de sua pregação (sobretudo quando da guerra siro-efraimita, entre 735 e 731 a.C.). Dessa forma descobrirá o que significa ter palavra de Deus (palavra pura) no meio de um povo que não a quer escutar. Entramos assim na parte final (a mais profunda e difícil, mas também a mais consoladora) de toda esta passagem.

E ouvi a voz de Adonai. O termo empregado nos leva outra vez ao princípio do texto. Ali se dizia *vi Adonai*. (Is 6,1), em visão misteriosa, centrada no trono e nas bordas do manto, incapaz de penetrar até o secreto (rosto invisível) do mistério. Aqui se lê *e ouvi a voz de Adonai* (Is 6,8), utilizando a mesma palavra (Adonai ou meu senhor) para falar do divino. Mas agora a audição (o diálogo) é direto. Desaparecem os serafins: ficam Deus e o profeta frente a frente, ouvido a ouvido ou boca a boca, em conversa recriadora. Estamos no centro de uma experiência radical israelita que o Deuteronômio apresentou de maneira clássica, ao recordar o acontecimento do Sinai, que já comparamos com o nosso:

> Então Iahweh vos falou do meio do fogo. Ouvíeis o som das palavras, mas nenhuma forma distinguistes: nada, além de uma voz! Ele vos revelou então sua aliança que vos ordenara cumprir: as dez palavras... Ficai muito atentos a vós mesmos! Uma vez que nenhuma forma vistes no dia em que Iahweh vos falou no Horeb, no meio do fogo, não vos pervertais, fazendo para vós uma imagem esculpida em forma de ídolo... (Dt 4,12-13.15-16)

A visão (fogo de Deus que em Isaías se concretiza como serafins) se abre e explicita em forma de *palavra*, ou seja, como diálogo. Precisamente ali onde *os olhos* não logram penetrar até as profundezas e contemplar o grande mistério (Deus sempre transcende o que vemos!) *os ouvidos* podem escutar sua voz e *os lábios* podem responder-lhe. Recordemos também que os lábios (que dizem a palavra) se vinculam ao ouvido (que a escuta): Isaías foi consagrado como homem da palavra, como ser que pode dialogar com Deus e traduzir sua mensagem aos demais. Ante *os povos pagãos* que tendem a fixar o sentido de Deus em uma "imagem", em algo que se vê e que pode de algum modo possuir-se, *os israelitas* (e especialmente os profetas como Isaías) descobrirão a presença de Deus na palavra que se escuta e diz, no próprio compromisso com o ministério que eles assumem. Mas sigamos com o texto.

Quem hei de enviar? Quem irá por nós? A passagem do singular (hei de enviar) ao plural (por nós) é normal no contexto (Deus aparece rodeado de seu exército celeste, como Zebaot; está no meio dos Serafins, associados aqui a sua grande tarefa purificadora) e pode recordar-nos a palavra fundante do princípio da criação: "façamos o homem..." (Gn 1,26). Para entender a pergunta de Deus pode ajudar-nos o famoso texto de 1Rs 22. Acab e Josafá, reis de Israel e de Judá, querem combater contra os sírios para conquistar Ramot de Galaad. Antes de iniciar a guerra consultam os profetas reais, que a apoiam. Só Miqueias Ben Jemla se atreve a pronunciar uma palavra discordante que o redator do livro toma como autêntica palavra de Iahweh:

> Eu vi Iahweh sentado sobre seu trono: todo o exército do céu estava diante dele, à sua direita e à sua esquerda. Iahweh perguntou: Quem enganará Acab, para que ele suba contra Ramot de Galaad e lá pereça? Este dizia uma coisa e aquele outra. Então um espírito se aproximou e colocou-se diante de Iahweh: Sou eu que o enganarei... serei um espírito de mentira na boca de todos os seus profetas... (1Rs 22,19-22)

As conexões deste texto com o nosso são muitas e aqui não podemos detalhá-las. A mais significativa de todas é que, em ambos os casos, Deus pergunta, como que pedindo parecer e ajuda. *Em um caso* (1Rs 22) se oferece como servidor "um espírito de mentira", representado pelos profetas falsos que, enganando Acab, cumprem a vontade de Deus, ou seja, conseguem a perdição do rei injusto. *No outro caso* (Is 6) é o próprio profeta que responde, colocando-se à disposição da palavra de Deus; mas também aqui sua palavra, sendo verdadeira, terminará enganando os homens ou, melhor dizendo, endurecendo-os no rechaço de Deus, de tal forma que ao final acabam destruídos.

A mentira dos profetas falsos (1Rs 22) e a verdade do bom profeta (Is 6) levam a um mesmo fim: o juízo de Deus sobre um rei injusto (Acab) ou sobre o povo incrédulo (Judá) deve cumprir-se para que a verdadeira salvação de Deus possa manifestar-se. Mas com isso adiantamos a temática. Voltemos ao texto em si.

Ao que respondi: eis-me aqui, envia-me a mim. Deus pediu ajuda em sua tarefa e o homem lhe responde, oferecendo-lhe sua colaboração. Encontramo-nos justamente no centro do diálogo profético, numa linha que no Novo Testamento nos leva ao *genoito fiat!*, "faça-se", de Maria em Lc 1,38. Estes são os momentos principais desse esquema de colaboração divino-humana:

a) *No princípio está a ação de Deus.* Isaías se encontra preparado porque o próprio Deus lhe revelou seu mistério, purificou seus lábios, pondo neles uma palavra de santidade.

b) *No centro está a entrega humana.* O profeta não é obrigado, não lhe impõem de fora a tarefa, não o forçam nem violentam em sentido pré-humano. Isaías se descobre livre e livremente põe sua vontade (sua vida e lábios: sua palavra) à disposição de Deus.

c) *Ao fim novamente está Deus: envia-me!* O profeta sabe que será o próprio Deus a movê-lo, realizar nele sua obra, a serviço dos outros.

O profeta se descobre assim como *enviado*. Toda sua existência tem um caráter *missivo*, se é que se permite essa palavra. Entre o Deus (que o envia) e o povo (a quem será enviado) se realiza a existência do profeta. Precisamente aí onde parece perder sua personalidade é que a realiza e ganha, pondo-se a serviço do diálogo criador entre Deus e o homem.

Ele me disse: Vai e dize a este povo. Já encontramos a palavra "povo" (*am*) em 6,5, ali onde Isaías se sentia impuro no meio de um povo de *lábios impuros*. Pois bem, agora que Deus o transformou (purificou-o) deve colocar sua "pureza" (palavra transformadora) a serviço desse povo. Será como um "mediador" entre Deus e os homens, alguém que deve dizer o que viu e ouviu, convertendo sua pessoa-vida em palavra de Deus para os outros.

Dize a este povo. O termo poderia ter um sentido pejorativo, se o comparamos com a tradição do Deuteronômio e especialmente de Oseias, onde Israel aparece diante de Deus como "meu povo". Aqui não se utiliza a expressão *povo de Deus*, mas *esse povo*, como que indicando seu distanciamento em relação a Deus. No caminho de Deus o profeta tem uma tarefa vinculada à palavra.

Que haverá de dizer? *Ouvi, mas não entendereis, Vede, mas não compreendereis.* Chegamos ao centro do paradoxo profético. É evidente que Isaías não quis transmitir aqui o teor concreto de suas múltiplas mensagens, contidas, sobretudo, nos capítulos 1–11; 14; 17–18; 22; 28–32 do livro que atualmente leva seu nome. Aqui oferece o conteúdo profundo e acolhida (não acolhida) que essas mensagens tiveram, reinterpretados na maturidade de sua missão profética. De maneira puramente indicativa, resumindo os núcleos de sua pregação, podemos entender estas palavras como se segue:

a) *Isaías proclamou a mensagem de Iahweh-rei*: o povo deve confiar no Deus que se manifesta em Sião e que escolheu os reis da família de Davi, prometendo mantê-los no trono. Para isso deve confiar apenas em Deus, renunciando à defesa armada e aos pactos militares. Essa fé em Iahweh, Deus de Sião, há de se expressar como ajuda ao pobre e justiça inter-humana.

b) *Os judeus não escutaram sua mensagem*: preferiram manter-se no nível dos outros povos da terra, dando vazão à ambição econômica, à luta social, à religião fundada no proveito próprio (busca de segurança através de cultos rituais); no plano militar, eles continuaram confiando em seus poderes militares, em alianças políticas e em tudo o que implica o caminho das armas no mundo.

c) *Isso significa que Isaías sabe que não vão entendê-lo* (escutá-lo e acolhê-lo). Vista humanamente, sua mensagem é impossível, carece de sentido. No fundo, o profeta deve falar de modo que não entendam.

E, desta forma, entramos no paradoxo, para não dizer na contradição. Tem sentido falar de maneira a que não entendam? Tem sentido mostrar uma realidade a fim de que os homens não a vejam? Aparentemente não, mas o profeta sabe que sim; do contrário sua tarefa teria sido inútil. Para além do rechaço dos homens, o profeta crê no valor da palavra de Deus. Isso significa que ela haverá de cumprir-se. Por isso segue o texto, com dureza inigualável:

Embota o coração deste povo... para que não entenda.
Torna-lhe pesados os ouvidos... para que não ouça,
tapa-lhe os olhos... para que não veja (Is 6,10).

Abrindo um caminho de santidade (salvação), a palavra profética leva os homens até o último limite de sua ruína: ela os conduz até o abismo mais profundo do pecado. A mesma *santidade de Deus* que se revela em sua grandeza rompe os esquemas dos homens: cega-os, endurece e embota... Buscando-se a si mesmo, rechaçando a palavra profética, os homens de Judá ficam sem luz, sem palavra e coração e acabam desse modo destruídos.

Não há forma de evitar o *escândalo* causado por estas palavras: elas não são compassivas no sentido normal do termo; tampouco são piedosas, na forma usual dessa palavra. Estamos diante de uma *lógica de contrastes*: o caminho de Deus vem e se desvela para que fracassem todos os restantes caminhos da terra. Deus faz isso através do seu profeta. Não seria melhor empregar uma pedagogia progressiva, de conversão gradual, de pequenos passos? Não seria preferível um Deus mais comedido, mas de acordo com a própria debilidade dos homens, aos quais acolhe em sua pequenez e vai mostrando pouco a pouco o caminho de uma salvação?

Estas são perguntas que Isaías não pode fazer. Ele descobriu o Deus distinto (da santidade) e em sua verdade deve apresentá-lo. Este é um *Senhor de tudo ou nada*, de santidade plena ou fracasso. Só desta forma, através do próprio fracasso, pode revelar-se seu mistério superior (de santidade ou graça). Possivelmente estejamos projetando sobre a mensagem de Isaías os elementos fundamentais da experiência cristã, recriada precisamente a partir destas palavras em Mc 4,10-12 (e seus paralelos) e em Paulo: Deus não teve outro remédio senão cegar, endurecer, embotar a vida dos homens para levá-los dessa forma até a ruína total (neste caso até a morte de Jesus), para poder revelar-se assim como salvador partindo das profundezas da ruína e do pecado.

Os homens querem manipular a Deus, introduzindo-o dentro de seus esquemas sacrais, políticos, econômicos. Perante este risco não se podem utilizar meios-termos: ou a escuta de Deus (a fé completa) ou a destruição de todos os caminhos e ideais (incluídos os religiosos) dos homens. É aqui que Isaías se sentiu chamado a cumprir uma tarefa: tem de preparar o povo para a ruína; porque o melhor para este povo é, no fundo, que morra, que termine no fracasso. Só dessa forma, desde as ruínas de uma humanidade idolátrica, poderá elevar-se o novo templo da graça.

Humanamente falando, a atitude de Isaías é *suicida*: termina querendo que o povo fracasse, que tudo se acabe, em exemplo impressionante disso que poderíamos chamar *terapia destrutiva*. Há uma situação de mal que deve terminar; há um orgulho e prepotência, uma injustiça e um poder (grandeza) que devem ser destruídos, para que apareça assim a "novidade" de Deus (sua santidade) sobre a terra. Por isso, o melhor que pode ocorrer a esta "sociedade" (cultura) israelita é que termine. Nesta perspectiva hão de se entender as palavras mais impressionantes e formosas do profeta:

> O homem será rebaixado,
> o varão será humilhado e não poderá levantar-se...
> Porque haverá um dia de lahweh dos exércitos
> contra tudo o que é orgulhoso e altivo...
> contra toda a torre alta,
> e contra toda muralha fortificada... (Is 2,9-16)

Ante a arrogância humana que constrói um mundo de injustiça, fundado em altas torres militares, em riquezas egoístas, em gestos religiosos arrogantes, só existe uma terapia ou cura de Deus: a ruína! Assim o descobriu Isaías, talvez ao final de sua carreira. Neste pano de fundo interpretou seu chamado e vocação primeira: Deus o convocou para acelerar a ruína! Estamos no início de um caminho religioso que logo o Novo Testamento desenvolverá com grande força, não só no Canto de Maria (derruba do trono os poderosos...! – Lc 1,52), mas em toda a mensagem de Jesus, tal como foi repensado com força por São Paulo: foi necessário que os grandes deste mundo não compreendessem! Deus mesmo cegou a mente-coração dos de fora (os que buscam a sabedoria deste mundo) para que sua graça salvadora se expresse por intermédio dos pobres (cf. Mt 12,25; 13,14-16)! Só dessa forma, através da queda de Israel, anunciada e querida pelo profeta de Deus, pôde abrir-se um caminho de salvação gratuita para todos os povos da terra (os gentios), como diz Rm 11,8-36.

Unicamente com esse pano de fundo pode compreender-se a palavra final dessa passagem: *não se converta e eu o curo* (Is 6,10). Nesta situação, uma mudança israelita, com a salvação do povo, seria contraproducente: deixaria as coisas como estavam. É melhor que a destruição chegue ao fim, seja completa. Só assim, partindo das ruínas da velha ordem, fundada na injustiça e prepotência humana, poderá surgir um mundo novo de gratuidade criadora e santidade divina.

Esta mensagem é dura. Por isso se compreende que o profeta pergunte: *Até quando, Adonai*? (Is 6,11). Este é um chamado de esperança em meio à grande desolação. Isaías se atreve a apresentar veladamente sua queixa: aceita a mensagem de ruína, compromete-se a realizar a obra de Deus, endurecendo o povo para o dia do desastre, mas quer saber se há um final. Está convencido de que a obra de Deus deve realizar-se, reconhece seu sentido; mas sabe que tudo tem um tempo e assim pergunta: *até quando*?

A resposta de Deus começa *retirando toda esperança*. Os homens não se podem apoiar em nada. Os judeus devem perder toda confiança. As estratégias de imunização (o dano não será completo! Algo sempre permanece!) são falsas para o profeta. Aqui não se pode manter nenhuma forma antiga de segurança. Nem templo nem palácio; nem campos nem cidades; os homens já não podem confiar em nada. Perante o juízo de Deus desaparecem todas as formas de existência antiga. Não podemos refletir aqui em todos os matizes do texto, que resulta suficientemente claro:

a) *Cidades, casas, campos*: tudo fica desolado, como sinal de uma ruína que em nível humano acaba sendo irreparável.

b) *Os homens* deixarão sua terra, talvez mortos, talvez deportados. Nem sequer aquela menor parte do conjunto (só um décimo, um resto muito pobre) poderá permanecer em seu lugar como garantia de um novo nascimento.

c) *Como um bosque arrasado*, assim será o antigo povo israelita: campo de ruínas sem remédio, desolação irreparável (Is 6,11-13).

Todas as tentativas de dulcificar o texto são improcedentes. Isaías carregou bem as tintas. Não só anuncia a ruína, mas a quer, porque é essa a vontade de Deus: o melhor que pode suceder a este povo é que se acabe. Mas no fundo de sua ruína continua viva a palavra de Deus, tal como foi entendida e comentada com lucidez impressionante pelo Segundo Isaías (Is 40–55), em passagens que aqui não podemos detalhar: precisamente ali onde anunciava ruína, se mostrou verdadeira a palavra profética como sinal de Deus e princípio fundante da história. Isto é o que encontramos no fundo de toda esta passagem.

De toda forma, as frases finais resultam enigmáticas. O sentido geral é claro: no arrasamento de um bosque fica sobre o solo algum *tronco* (*massebah*) ou toco (raiz submersa na terra) que vem apresentar-se como sinal da ruína. Não é a mesma coisa um deserto onde nunca houve nada e um deserto onde restam ruínas, como testemunho da desolação. Isso é o que a passagem parece implicar (Is 6,13b) que, dentro do conjunto de Isaías, foi objeto de discussões as quais agora não podemos detalhar. São três suas leituras principais, que aqui apresentamos brevemente:

1) A *massebah* ou tronco que fica do bosque queimado (arrasado) *tem sentido negativo*, na linha dos cultos idolátricos de Canaã condenados sempre pelos profetas e pelo Deuteronômio. Como ídolo odioso será o que restará de Israel. Por isso a parte final do texto deveria ser traduzida da seguinte forma: "sua *massebah* será semente execrável" (levando em conta o sentido ambivalente, positivo e negativo, de *qodesh*).

2) A *massebah é entendida em um sentido neutro* que depois se converte em *positivo*. Assim o traduzimos no texto. Fica sobre o bosque arrasado um tronco seco. Isso é tudo. Humanamente falando nada se pode esperar, mas Deus pode converter esse tronco em *nova semente* (em semente santa). A isso o próprio profeta teria conduzido sua palavra.

3) *Há outros que pensam que toda esta passagem é obra de um redator posterior* que pretendeu reinterpretar em perspectiva de renovação israelita a palavra de condenação e ruína de Isaías. O texto original só falaria de um "bosque

arrasado"; alguém teria introduzido com a imagem de um trono partido desse bosque (uma *massebah*) a semente de um novo princípio para o povo.

Aqui não podemos decidir-nos por nenhuma destas leituras, embora pensemos que a segunda seja preferível. Dentro da mesma lógica de Isaías, a destruição que se abate sobre o povo há de se inscrever e entender a partir do pano de fundo da fé em Iahweh. Este é o paradoxo que sua mensagem esconde, como indica o texto-chave onde desembocou a primeira compilação de seus oráculos:

> Conservo fechado o testemunho, selo a instrução
> entre os meus discípulos.
> Aguardo a Iahweh,
> nele ponho minha esperança (Is 8,16-17).

A mesma profecia da destruição apresenta-se dessa forma como um sinal de esperança: o gesto de Deus que *afasta seu rosto* há de ter algum sentido, há de se entender em chave positiva. Por isso não é impossível que no fundo da destruição de Is 6 venha a escutar-se, paradoxalmente, a voz de uma esperança: o sinal de um tronco quebrado e seco que floresce. O tema foi reassumido pelo próprio Isaías ou por um de seus discípulos na famosa palavra de Is 11,1: "um ramo sairá do tronco (ou raiz) de Jessé"... Dessa forma, o que parecia destruição converte-se agora em princípio de novo caminho; para além da própria linhagem de Davi, das raízes antigas de Jessé (seu antepassado), surgirá um renovador distinto para o povo.

Estes são os traços principais da vocação de Isaías, tal como ele mesmo quis apresentá-la num momento posterior do seu caminho profético. Parece que lhe pedem credenciais: quem o chamou? Quem avalia sua mensagem? Nosso profeta respondeu de uma forma insuperável, reinterpretando a partir do momento atual todo seu caminho anterior. Resulta sempre arriscado interpretar um profeta em chave psicológica, utilizando para isso categorias que só resultam lógicas num momento determinado (em nosso tempo). Apesar disso, em resumo, atrevemo-nos a apresentar já condensados os três "dogmas" fundantes da mensagem de Isaías:

a) *A santidade de Deus*, interpretada de uma forma próxima e muito real; por isso funda sua mensagem em uma poderosa teofania na qual o próprio Deus aparece como "rei" sobre a terra.

b) *O julgamento e condenação deste mundo*. Isaías apresenta diante de seu povo os princípios de vida que derivam da santidade de Deus. Logicamente, ao descobrir o desajuste entre aquilo que devia ser e o que existe de fato deve proclamar e proclama (com dor, mas com força) o fim do que existe.

c) *A esperança "messiânica"*. Só com este pano de fundo de ruína completa e destruição de tudo o que existe, em gesto de inversão criadora, nosso profeta pôde anunciar o surgimento de um mundo novo, fundado na graça de Deus. Só ali onde a ruína é plena se pode falar também de uma esperança plena: não se trata de melhorar um pouco o que existe, mas de anunciar o surgimento de um mundo diferente.

Mas, com isso, ultrapassamos o tema e objetivo de nosso trabalho, anunciando aspectos e momentos da mensagem de Isaías que devem ser estudados em outra perspectiva. Aqui basta o que foi dito.

4. Apêndice

4.1. Sugestões de leituras

Is 1–39: texto básico do primeiro Isaías, distinguindo oráculos antigos e glosas.

Is 40–55: o segundo Isaías, como reinterpretação do texto anterior.

Is 56–66: sobrevivência da escola de Isaías.

Romanos em seu conjunto: como reinterpretação cristã de Isaías.

4.2. Textos ilustrativos

> É justo cantar-te, dar-te graças, adorar-te em todas as partes onde seu domínio se estende, pois tu és Deus inefável, incompreensível, inacessível, existente desde sempre e sempre o mesmo; tu, teu Filho único e teu Espírito Santo, tu és quem do nada nos conduziu ao ser, quem nos levantou depois da queda, quem não descansou até nos levar ao céu e nos entregar o reino vindouro. Por todos estes benefícios te damos graças... a ti, a quem servem milhares de arcanjos e miríades de anjos, os querubins e os serafins de seis asas, de olhos incontáveis, que voam nos céus, cantam, gritam e clamam o hino triunfal:
>
> Santo, santo, santo é o Deus Zebaoth! Céu e terra estão cheios de tua glória. Hosana no mais alto dos céus! Bendito o que vem no nome do Senhor. Hosana no mais alto dos céus!
>
> Nós também com eles, ó senhor das potestades, amigo dos homens, nós te aclamamos: tu és santo, infinitamente santo e tua glória é imensa. Tu amaste até o ponto de dar teu Filho, o único, a fim de que quem creia nele não morra, mas tenha a vida eterna...
>
> (*Liturgia de S. João Crisóstomo*. Cf. A. Hänggi e I. Pahl. *Prex Eucharistica*. Suisse, PU Fribourg, p. 223-230. Todas as anáforas clássicas da eucaristia reassumem e recriam eclesialmente o canto dos serafins de Is 6.)

O rei (Ezequias) havia convocado todos os profetas e o povo todo estava presente. Miqueias, Ananias, Joel, o velho, e Iasub se haviam sentado à direita e à esquerda de Isaías. No momento em que ouviram a voz do Espírito Santo (que atuava por meio de Isaías...) se prostraram de joelhos em adoração e louvaram o Deus verdadeiro, o Altíssimo das esferas celestes... que havia concedido tal dom a um homem. Enquanto o profeta falava, inspirado pelo Espírito Santo, todos o escutavam. De repente, o profeta se calou, perdeu a consciência e não via as pessoas que estavam diante dele. Seus olhos estavam abertos, mas a sua boca permanecia muda; perdeu a consciência de estar no corpo... E as pessoas que lá se encontravam, exceto o grupo dos profetas, não suspeitavam que o santo Isaías havia sido transportado ao alto. A visão que teve não era uma visão deste mundo, mas do mundo escondido a todos os mortais. Ao final da visão, o profeta a comunicou ao rei, ao seu filho Iasub e aos profetas que se haviam reunido. (*Ascensão de Isaías* 6,7-17. Texto apócrifo judeo-cristão, de princípios de nossa era. Apresenta Isaías como profeta extático que penetra nas profundezas do céu e comunica aos homens os mistérios superiores da redenção. Ao final morre como mártir.)

Consideramos assim as propriedades incorpóreas dos Serafins, como as descrevem santamente as Escrituras, com imagens sensíveis que revelam as coisas inteligíveis... O número infinito de seus rostos e a grande quantidade de pés simbolizam, a meu juízo, a propriedade que eles têm de ver com precisão as mais divinas iluminações... Por isso, a sabedoria santíssima da Escritura, descrevendo santamente a formação das asas, coloca-as na parte superior do corpo, naquela mediana e nos pés, para significar que eles são em tudo alados e que têm a possibilidade amplíssima de elevar-se até aquele que verdadeiramente existe. (Dionísio Areopagita. *Hierarquia eclesiástica* IV, 6-7. A visão de Is 6, unida à de Ez 1, serviu para estabelecer a doutrina clássica sobre o mundo angelical.)

4.3. Perguntas orientadoras

1. Em que tempo e lugar se situa a vocação de Isaías?
2. A que pode aludir o ano da morte de Ozias?
3. Como se relacionam Adonai, Deus como Melek-rei e Iahweh?
4. A liturgia do templo influi na visão?
5. Que significam os Serafins? São eles o centro da vocação?
6. Como se relacionam santidade de Deus e justiça na visão de Isaías?
7. Até onde se estende a glória de Deus na experiência de Isaías?
8. Como se pode entender psicologicamente esta visão?
9. Que relação existe entre epifania e experiência de pecado?
10. Como explicar o medo de Isaías, o sacerdote do templo, o próprio Deus?
11. Por que Deus necessita de alguém a quem enviar?
12. Deus obriga Isaías? Este se oferece livremente?
13. A profecia de Isaías foi inútil? O que ficou dela?
14. Como interpretar a semente, raiz ou tronco final de que fala o texto?
15. Como Is 6 continua influenciando no Novo Testamento?

Descobrir os momentos da vocação de Isaías: teofania, objeção, sinal, envio... Compará-los com os que aparecem em Abraão e Moisés. Semelhanças e diferenças.

Capítulo 5

Jeremias, vocação para tempos de crise (Jr 1,1-19)

Vimos em *Abraão* a vocação do patriarca que sai de sua terra e inicia um caminho de fidelidade e promessa que se estende a seus filhos (descendentes). Deus chamava a *Moisés* libertador, colocando-o a serviço da salvação (do êxodo) do povo. *Isaías*, por sua vez, era destinado à denúncia: Deus o havia convocado para anunciar o grande castigo de Israel. Pois bem, na linha de Isaías surgiu *Jeremias*, vigia de Deus em tempos de grande crise, mensageiro de castigo e destruição que, no entanto, pode abrir-se à esperança.

Sobre a vida e missão de Jeremias, nascido por volta de 650 a.C. e morto perto de 580 a.C., estamos bem documentados. Nos tempos do rei Josias (640-609 a.C.) apoia a reforma javista, pede conversão verdadeira e anuncia a unidade entre Israel e Judá, com palavras de grande alegria. Após a morte de Josias, sob os reinados de Joaquin (609-597 a.C.) e Sedecias (597-586 a.C.), vive com dor a tragédia das invasões babilônicas, descobrindo que a vontade concreta de Deus é dirigida à ruína e à destruição do povo. Após a queda de Jerusalém (586 a.C.), busca a calma entre uns tantos do povo que não foram deportados, mas as tensões permanecem: matam Godolias, governador imposto pelos conquistadores, e fogem com o profeta para refugiar-se no Egito. Assim acaba, no silêncio, a voz de Jeremias, mas suas palavras, compiladas em parte antes de sua morte e expandidas e outra vez codificadas, vieram a converter-se numa das fontes mais saborosas e mais claras da experiência israelita (e do conjunto da humanidade).

O próprio Jeremias nos deixou relatos de tipo autobiográfico (cf. 24,1-10; 27; 32), que foram depois ampliados pelas *narrações de Baruc*, que constituem uma preciosa biografia do profeta, conservada na trama de seu livro (Jr 26-29 e 34-45). O texto inclui, além disso, algumas *confissões* do próprio Jeremias, centradas nas dificuldades e dores de sua própria vocação; o profeta se sente oprimido, arrasado, obrigado a dizer palavras duras e a viver entre dores; assim se queixa abertamente diante de Deus, chama-o, protesta contra ele, oferecendo o mais impressionante de todos os relatos pessoais antigos sobre o enviado de Deus e suas dificuldades.

Aqui não encontramos apenas profecia, encontramos um profeta que, identificando-se de alguma forma com a palavra que proclama, tem de sofrer com ela (nela). Assim aprofunda nisso que poderíamos chamar de a *lei da encarnação*, que aparecia de algum modo em Oseias e no sinal de seu matrimônio dolorido: o profeta expressa Deus com sua palavra, mas o faz de uma forma ainda mais intensa com sua própria vida, num caminho que os fiéis de Jesus afirmam que veio culminar em Jesus Cristo (que é palavra de Deus em sua própria vida).

Seria muito interessante falar dessas *confissões* (Jr 11,18-21; 12,1-6; 15,10-21; 17,14-18; 18,18-23; 20,9-18) para compará-las com a *vocação* (1,1-19), de que trataremos de modo mais direto. É evidente que ambos os temas (e textos) se encontram bem entrelaçados. Mas a extensão do trabalho e seu esquema de conjunto nos obrigam a tratar só da vocação, situando-a no transfundo da vida e da mensagem do profeta.

Como ocorria no caso de Isaías (Is 6,1-13), o texto da vocação foi redigido e fixado muitos anos depois da experiência originária. Por isso, ao lado da lembrança antiga (do tempo em que Jeremias era apenas um jovem), este texto reflete um cenário posterior de luta e tragédia em que o grande profeta se viu envolvido. Pelo lugar e modo com que foram transmitidas, no princípio do livro, estas palavras de vocação apresentam a mensagem-ação de Jeremias desde seu chamado até a queda de Jerusalém (cf. 1,1-3 corresponde a Jr 1-39); a partir de Jr 40 (cf. 40,1) haveria uma nova temática que ultrapassa o âmbito de nosso trabalho. Vejamos o texto, ofereçamos sua tradução e divisões:

1. *Inscriptio* ou introdução (1,1-3)

> ¹Palavras de Jeremias, filho de Helcias, um dos sacerdotes que residiam em Anatot, no território de Benjamim.
>
> ²Foi-lhe dirigida a palavra de Iahweh nos dias de Josias, filho de Amon, rei de Judá, no décimo terceiro ano do seu reinado;
>
> ³além disso, nos dias de Joaquim, filho de Josias, rei de Judá, até o fim do décimo primeiro ano de Sedecias, filho de Josias, rei de Judá, (ou seja) até a deportação de Jerusalém, no quinto mês.

2. Vocação (1,4-8)

> ⁴A palavra de Iahweh me foi dirigida nos seguintes termos:
>
> ⁵Antes mesmo de te modelar no ventre materno, eu te conheci; antes que saísses do seio, eu te consagrei.
>
> Eu te constituí profeta para as nações.
>
> ⁶Mas eu disse:
>
> – Ah, Adonai Iahweh,
>
> eis que eu não sei falar,
>
> porque sou ainda criança!
>
> ⁷Mas Iahweh me disse:
>
> – Não digas: eu sou ainda criança!

Porque a quem eu te enviar, irás,
e o que eu ordenar falarás.
⁸Não temas diante deles,
porque eu estou contigo para te salvar –
oráculo de Iahweh.

3. Investidura (1,9-10)

⁹Então Iahweh estendeu sua mão e tocou-me a boca. E Iahweh me disse: – Eis que ponho as minhas palavras em tua boca.

¹⁰Vê! Eu te constituo, hoje, sobre as nações e os reinos, para arrancar e para destruir, para exterminar e para demolir, para construir e para plantar.

4. Sinais proféticos (1,11-16)

¹¹Foi-me dirigida a palavra de Iahweh nos seguintes termos: – O que estás vendo, Jeremias?

Eu respondi: – Vejo um ramo de amendoeira (*shaqued*).

¹²Então Iahweh me disse: – Viste bem, porque eu estou vigiando (*shoqued*) sobre a minha palavra para realizá-la.

¹³E a palavra de Iahweh foi-me dirigida, uma segunda vez, nestes termos: – O que estás vendo?

Respondi: – Vejo uma panela fervendo, com sua boca (aberta) a partir do norte.

¹⁴E Iahweh me disse:

– Do norte derramar-se-á a desgraça sobre todos os habitantes da terra.

¹⁵Porque eis que convocarei todas as tribos dos reinos do norte – oráculo de Iahweh. Eles virão e cada um deles colocará o seu trono à entrada das portas de Jerusalém, em redor de suas muralhas e contra todas as cidades de Judá.

¹⁶Pronunciarei contra eles os meus julgamentos, por toda a sua maldade: porque eles me abandonaram, queimaram incenso a deuses estrangeiros e prostraram-se diante da obra de suas mãos.

5. Confirmação do ministério profético (1,17-19)

¹⁷Mas tu cingirás teus rins, levantar-te-ás e lhes dirás tudo o que eu te ordenar. Não tenhas medo deles, para que eu não te faça ter medo deles.

¹⁸Quanto a mim, eis que te coloco, hoje, como uma cidade fortificada, como uma coluna de ferro, como uma muralha de bronze, diante de toda a terra, para os reis de Judá, os seus príncipes, os seus sacerdotes e todo o povo da terra.

¹⁹Eles lutarão contra ti, mas nada poderão contra ti, porque eu estou contigo – oráculo de Iahweh – para te libertar.

1. Inscriptio ou introdução (1,1-3)

Costuma-se chamar *inscriptio* (em português seria cabeçalho) às palavras colocadas ao início de um texto, para apresentar ou condensar seu conteúdo, de maneira que sirvam de título ao conjunto. Em geral são acrescentadas ao texto já estabelecido; prática encontrada, por exemplo, nos registros judiciais ou em arquivos: o escriba (neste caso o redator), uma vez terminado seu trabalho e compilado o material do livro (ou do conjunto), lhe atribui um título, indicando autor, tempo e tema.

É isso que acontece em nosso caso. Alguém reuniu as palavras e tradições de Jeremias, formando com elas um rolo (livro). Evidentemente deve encontrar uma *inscriptio* que sirva de título adequado e de introdução ao conjunto. Foi o que ocorreu. Como já dissemos, é possível que este título se refira ao conteúdo primeiro e geral do livro, até o ano da queda de Jerusalém (586 a.C.), e se aplicaria a Jr 1–39. O que acontece depois (Jr 40–45) viria introduzido por Jr 40,1.

A novidade de nosso texto está no fato de que um só título ou *inscriptio* sirva, ao mesmo tempo, para apresentar o conjunto do livro (Jr 1–39 ou todo Jeremias) e para situar o relato de vocação propriamente dito. Até agora os textos de vocação se encontravam inseridos num conjunto narrativo (Gn 12,1-9), precedidos por desenvolvimentos anteriores de tipo teológico-biográfico (Ex 2,23–4,18) ou situados dentro de um contexto profético mais amplo (Is 6,1-13). Mas aqui, pela primeira vez na história teológica de Israel, o redator de Jeremias situou o texto da vocação como princípio e chave de leitura de seu livro.

Dessa forma, a própria *introdução* (1,1-3) ao chamado do profeta (1,4-19) é ponto de partida e chave hermenêutica de tudo o que segue. Certamente, a palavra do profeta se inscreve no contexto da história israelita (1,1-3), mas essa é uma palavra que só pode ser avaliada ou sustentada a partir da experiência específica e pessoal daquele que recebeu de Deus o encargo de expandi-la, proclamá-la ou realizá-la entre os homens.

No começo da vida e obra do profeta está uma vocação: Deus mesmo o chamou, ofereceu-lhe sua tarefa, em experiência de encontro pessoal. Jeremias não prega por tradição ou aprendizagem (como os doutores da lei); tampouco recebeu um mandato por delegação do povo ou por herança (como os monarcas); não pertence a uma família ou genealogia de profetas que se vão sucedendo uns aos outros... Jeremias não possui mais autoridade que aquela que o chamado de Deus lhe conferiu.

Por isso, para avaliar sua autoridade não tem outro caminho senão oferecer aos demais o testemunho de sua própria vocação; desnuda-se internamente diante dos outros e lhes diz o que o próprio Deus lhe disse, ao confiar-lhe sua tarefa. Logicamente o redator que recolheu suas palavras num livro colocou no princípio de tudo seu chamado, ou seja, a experiência fundante de seu encontro com Deus. Como já dissemos, a *inscriptio* nos situa no tempo e no espaço da vida do profeta. Chama-se *Jeremias*, que significa *Deus exalta* (= *Iahweh eleva*). O próprio nome é de algum modo sinal de sua tarefa: Iahweh lhe vai oferecendo sua firmeza, através de uma vida que parece sempre ameaçada. Pertence à família dos *sacerdotes de Anatot*, talvez desterrados de Jerusalém nos tempos de Salomão, por motivo de disputas dinásticas (cf. 1Rs 2,26). Possivelmente pertence à tradição dos sacerdotes antigos que celebravam o culto de Iahweh (de formas por vezes sincretistas) nos diversos santuários da terra, até o momento em que Josias decretou a união, ou melhor, a concentração de todo o culto em Jerusalém a partir de 622 a.C. (cf. 2Rs 23). Seja como for, Jeremias se sente vinculado ao culto de Sião; não quer restaurar uma situação precedente aberta ao culto dos muitos templos anteriores.

Jeremias nasce de uma *família sacerdotal* que, na linha da tradição do Deuteronômio e talvez também de Oseias, interpreta a experiência religiosa em termos de abertura pessoal a Deus (em união matrimonial com o divino) e de justiça entre os humanos. Um culto separado da fidelidade e da justiça resulta não somente inútil, mas mentiroso, contrário à vontade de Deus.

Jeremias provém de um contexto sacerdotal, mas não atua como sacerdote no sentido ritual desta palavra. Deus o chamou a ser *profeta* e como profeta irá desenvolvendo sua tarefa em anos decisivos da história israelita, desde o décimo terceiro do reinado de Josias (627 a.C.) até o undécimo de Sedecias (586 a.C.). O redator do texto (autor da *inscriptio*) fixou com toda precisão estas datas, situando assim palavra e ação de Jeremias no contexto da história do seu povo.

O profeta é homem público e o texto fixou cuidadosamente suas palavras, sobre o pano de fundo da vida de alguns reis (Josias, Joaquin e Sedecias) que aparecem citados de modo solene, com o nome de seus pais (= filho de...). Dessa forma ficam frente a frente as duas personagens principais da trama: o *profeta* (fiel a sua tarefa ao longo de mais de trinta anos) e os reis (que se vão sucedendo no turbilhão de um juízo de Deus e de algumas mudanças que derrubam quase tudo o que existe).

Desde Josias... até a deportação de Jerusalém: desde a grande esperança do rei fiel, misteriosamente fracassado (derrota e morte em Meguido, em 609 a.C.), até a ruína (586 a.C.) transcorrem anos de medo, de pecado e de tragédia poucas vezes vistos na terra. A morte e a destruição, qualquer um pode vê-las; não é preciso ser profeta para anunciá-las. A novidade de Jeremias está no fato de ter interpretado a ruína como consequência do pecado, dentro de um contexto de história de eleição e fidelidade divinas.

Houve naquele tempo vários reis, houve nobres, sacerdotes e até sábios, conforme o que pode ser sabedoria da terra. Pois bem, só Jeremias, o profeta, soube ver e proclamar o sentido da história a partir de dentro; descobriu o amor ferido de Deus ali onde os outros só percebiam a tragédia humana; soube ver a justiça de Deus na própria montanha de ruínas; esperou na graça de Deus ali onde os outros só projetavam esperanças vazias de mudança política ou vitória militar. Tudo isso Jeremias soube por ser profeta, numa linha de "clarividência" religiosa que seguiu as trilhas de Isaías e Oseias (entre outros).

E com isto podemos passar ao texto propriamente dito da vocação: Jeremias se apresenta a si mesmo dizendo-nos aquilo que Deus lhe confiou ao oferecer-lhe sua tarefa de profeta. Será difícil encontrar um testemunho mais atual e mais formoso. Todos quantos têm experiência de vocação se sentirão identificados de algum modo com as palavras deste texto que agora tentaremos ler de modo unitário.

2. Vocação (1,4-8)

A palavra de Iahweh me foi dirigida nos seguintes termos... Aqui não existem vacilos nem alternâncias com respeito ao nome: Deus se apresenta diretamente como *Iahweh*, ou seja, como aquele que está presente no caminho da história israelita. Pois bem, Iahweh aparece antes de mais nada como aquele que fala, de maneira que as *palavras de Jeremias (dibre-yirme-yahu)*, que antes se mostravam como conteúdo de seu livro (na *inscriptio* de 1,1), fundam-se agora na *debar-Iahweh* ou Palavra de Iahweh que Jeremias escuta e acolhe.

Essa *palavra de Iahweh* irrompe em Jeremias de forma inesperada e explosiva, como princípio e fonte de novo nascimento. Humanamente falando, o profeta nasceu na linha normal das genealogias, dentro de uma família de sacerdotes rurais (1,1). Mas agora a experiência de Deus o apresenta como sujeito portador privilegiado de novo nascimento. O próprio Iahweh o tirou da obscuridade (ou inexistência), em processo muito concreto de surgimento e envio:

1) *Antes mesmo de te modelar no ventre*, ou seja, antes que fosses concebido no seio materno. De acordo com essa imagem, Deus mesmo aparece como "pai" verdadeiro, no sentido radical da palavra. No princípio da genealogia, ali onde costuma colocar-se a força do "sêmen paterno", Jeremias colocou o conhecimento de Deus (pai).

2) *Antes que saísses do seio*, ou seja, antes de ver a luz, nascendo para o mundo. Lá no seio engendrador, como mãe verdadeira que alimenta e nutre o que foi concebido, ali se encontra Deus para o profeta.

3) *Profeta para as nações...* Deus mesmo deu sua tarefa e campo de existência ao novo ser humano, colocando-o a serviço de uma palavra que se estende a todas as nações do entorno (ou da terra).

Talvez se pudesse falar aqui de um esquema de saída-entrada-saída: *brotou* de Deus (de seu conhecimento), *entrando* assim no seio materno; com a ajuda de Deus *sai* desse seio para abrir-se às gentes, fazendo-se porta-voz da palavra divina. Este esquema profético/sacral (logo presente na literatura mais ampla, tanto em João como na gnose) coloca o profeta nas mãos de Deus e dos homens. Tudo o que ele tem recebeu de Deus e só em diálogo com ele pode mantê-lo. Mas, ao mesmo tempo, deve estar a serviço das nações, traduzindo para elas o sentido da palavra de Deus.

Este mesmo esquema ternário de 1,5 nos permite explicitar os momentos fundamentais da vocação profética, tal como depois virão a repeti-lo todos os autores judeus e cristãos. O tema é conhecido e só quero citar muito brevemente os verbos principais do texto:

1) *Eu te conheci* (*yadattika*). Já sabemos que Deus "conhece" os hebreus oprimidos (cf. Ex 2,23-25), em gesto de solidariedade afetiva e compromisso libertador. Aqui se diz que "conhece" Jeremias ainda antes de tê-lo formado (engendrado) no ventre de sua mãe. Do conhecimento de Deus nascemos todos os humanos; assim o nota nosso profeta, de forma pessoal. Nessa mesma linha, chegando até o final no caminho do conhecimento, Mt 11,25-27

afirmará que se vinculam em amor e transparência mútua o Pai com o Filho Jesus Cristo. Aqui não chegamos a esse nível de intimidade, mas é evidente que o profeta sabe que tudo o que tem e pode brota do conhecimento criador divino.

2) *Eu te consagrei* (*hiqdastika*). Ex 3,5 falava do "terreno santo"; em Is 6,3 os próprios serafins gritavam "santo", aludindo ao ser divino. Pois bem, aqui é Iahweh quem santifica ou consagra (torna *qadosh*) o seu profeta, tirando-o do seio deste mundo velho (mãe terra negativa) para situá-lo no campo de sua própria santidade recriadora. Deus *consagra* seu profeta: separa-o do conjunto dos seres (homens) condenados à batalha da violência, para fazê-lo portador de sua palavra (de sua vida) no mundo. O profeta é homem que vive de Deus no centro mesmo da história.

3) *Eu te constituí profeta* (*netatika*). Ninguém é profeta por si mesmo, apenas por dom divino. Esta é a experiência de Jeremias: sente-se transformado, enriquecido pela graça que Deus lhe concedeu. Por isso, o processo de sua investidura profética não pode ser interpretado como puro desdobramento psicológico: não se trata do desvelar de possibilidades humanas que já existiam nele, mas de algo que vem de fora. A profecia não é experiência apenas introspectiva, mas descoberta de um chamado que nos vem de cima (de fora).

Encontramo-nos diante de um dos testemunhos fundamentais da *antropologia bíblica*. Todo homem, mas especialmente o profeta, vem a interpretar-se como chamado; alguém que nasce partindo do conhecimento e eleição (consagração) de Deus. Não existo porque posso, mas porque o próprio Deus me faz poder (= me conhece e me faz existir). Estamos na linha disso que poderíamos chamar *transcendência profética*:

há em nós algo que nos ultrapassa: podemos conhecer-nos porque Deus nos conhece; podemos atuar porque Deus mesmo suscita no fundo daquilo que nós somos um princípio de ação forte.

Esta é a história primigênia dos homens: não existimos primeiro em chave puramente natural (como seres autoconscientes) para receber depois o dom divino (como algo acrescentado ou acessório). Pelo contrário: nascemos do conhecimento e da consagração de Deus. Isto significa que somos porque Deus mesmo nos quer; nascemos para a vida a partir do fundo de vida (conhecimento e santidade) de Deus. Assim o profeta o descobriu, em experiência de profundidade impressionante, vendo aquilo que nós (a maioria) não conseguimos ver.

Passamos pelo mundo como cegos, limitados à rede do imediato, discutindo pequenos problemas de tipo mental ou material. Pois bem, quando se abre a comporta da vida e conhecemos de verdade o que nos faz humanos, descobrimos com Jeremias o grande mistério: nascemos do conhecimento e santidade de Deus; assim podemos ser profetas de sua ação na terra (entre as nações). Mas não adiantemos a interpretação. Voltemos ao texto e ouçamos a voz de Jeremias.

Ah, Adonai Iahweh! Não é preciso dizer mais: nem tirar a sandália porque o chão é santo (Ex 3), nem sentir o pecado nos lábios (Is 6). Este *Ah* do profeta assinala o desfalecimento do homem diante de Deus. Quem sou eu para que me conheças, santifiques e constituas a mim como profeta? Falta-me a base, sinto-me pequeno e, no entanto, digo *eu*, *'anoki* situando assim meu próprio nada perante o deslumbramento e poder do divino que aparece em seu duplo nome: é *Adonai*, o Senhor a quem saúdo reverente; é *Iahweh*, aquele que vem sustentar-me, fazendo-me ser (isto é, poder realizar minha missão).

A resposta inteira do profeta é um *paradoxo*. Por um lado sente-se transbordando perante a voz daquele que o sustenta, fazendo-o mensageiro de sua própria realidade entre os homens. Por outro lado sabe escutar e responder, falando com Deus como se fala a qualquer pessoa. Jeremias não se esconde, não rejeita a palavra, não se nega. Não há em sua resposta nenhum traço daquilo que poderíamos chamar negação de Deus, orgulho pessoal, pecado. Simplesmente diz diante de seu Deus o que é sua vida: *eis que eu não sei falar, porque sou ainda criança!*

Todo o texto está centrado no poder da palavra. *Deus* consagrou Jeremias como seu profeta para que "possa falar". Pois Jeremias se sente pequeno (uma frágil criança!): precisamente lhe falta o mais importante, a palavra, como o texto indica com toda precisão (não sei *dabber*, dizer a *dabar* ou palavra). Parece puro paradoxo: Deus escolhe para revelar-se àquele que não sabe falar, ao que não tem uma palavra humana apropriada para cada momento da vida.

Esse mesmo tema já havíamos descoberto em Ex 4, ao apresentarmos as últimas objeções de Moisés. Aqui ele tem nova densidade: Deus escolhe para dizer *sua palavra* (de Deus) ao homem que descobre a limitação da *palavra humana*. É possível que Jeremias não tenha meditado previamente sobre suas limitações. Vivia normalmente, bastavam-lhe os temas e tarefas deste mundo para manter-se entre os homens. Mas agora, com o fulgor novo da palavra de Deus que irrompe em seus lábios, descobre sua carência: por isso tem de dizer que não sabe falar.

Só dessa forma, rompendo o nível da palavra humana, entrando no espaço desconhecido e misterioso da manifestação de Deus, Jeremias poderá ser profeta dos povos. Assim responde *Iahweh*, em *palavra de assistência* e envio que reassume e ratifica os elementos-chave do chamado anterior, oferecendo um esquema em três momentos, normal em textos deste tipo: a) *Eleição* de Deus que chama e constitui seu profeta (1,4-5); b) *Objeção* do profeta que eleva a Deus sua dificuldade (1,6); c) *Resposta de Deus* que confirma a eleição, aprofundando seu sentido (1,7-8).

Deus escutou a objeção e responde em duas frases paralelas que começam e continuam da mesma forma: *não digas* (*'l t'omar*): eu sou ainda uma criança... *porque* (*ki*) em 1,7, e *não temas* (*'l tyr'a*) diante deles... *porque* (*ki*) em 1,8. Jeremias disse que é *criança* (pequeno e incapaz) e Deus responde assegurando-lhe que tem força para cumprir aquilo que lhe for ordenado (1,7). Implicitamente Jeremias mostrou seu medo e Deus lhe promete sua assistência (1,8).

Deus realiza sua obra através da mesma pequenez de Jeremias, em gesto onde se destacam dois elementos, o ir e o dizer. O profeta é um homem que renasce do poder de Deus; por isso não tem que olhar para si mesmo, e sim para o poder (a presença) do Deus que o escolheu:

1) *A quem eu te enviar, irás*. A própria existência do profeta é *missão*: Deus o envia e ao enviá-lo lhe dá força para percorrer todos os caminhos. Jeremias objetou com sua própria pequenez: não sabe andar! Deus lhe responde com sua garantia de que o próprio envio lhe dará as forças para cumprir sua tarefa.

2) *E o que eu ordenar, falarás*. Jeremias dizia que não sabia falar. Deus lhe responde oferecendo-lhe a segurança da sua palavra: seu próprio mandato lhe dará forças para encontrar e dizer a palavra em cada tempo e circunstância (1,7).

O texto continua com uma frase que se costuma encontrar nos oráculos de *promessa militar* de Deus: quando chegam os momentos da guerra, quando os inimigos se acercam e parece que vão destruir todo o povo, Deus responde oferecendo sua assistência, empregando as palavras aqui repetidas: 'al tyr'a: Não temas! A certeza de que a presença de Deus é mais forte que todos os poderes adversários constitui o centro da experiência israelita.

A vocação de Jeremias nos situa no contexto de guerra santa: Deus mesmo o envia ao perigo, colocando-o em meio aos inimigos. É lógico que sente medo. Pois bem, no meio desse medo Deus o ajuda e o conforta, dizendo-lhe "não temas"! Jeremias se descobre só, enfrentando todos que o perseguem ou ameaçam. Humanamente falando não tem nenhum apoio. Pois bem, nessa situação de indigência e desamparo descobre a presença salvadora de Deus que lhe diz: "Não temas!".

1) *Eu estou contigo* (*'ittka 'ani*). Jeremias vive assim a experiência da aliança na linha daquilo que vimos ao nos ocuparmos de Moisés: Deus se lhe apresenta como "Iahweh", isto é, como aquele que sustenta, fundamenta sua existência. A sorte de Jeremias está vinculada à de Deus, num caminho fonte de sofrimento e dor.

2) *Para te salvar* (*lehasileka*). Deus se define para Jeremias como salvação em meio (não fora ou acima) ao perigo. O texto nos situa assim no centro mesmo da prova do profeta que vai descobrindo a mão de Deus precisamente no fundo de sua debilidade. Significativamente, a tradição cristã identifica Jesus com o autêntico profeta que sofre por sua missão, na linha de Jeremias (1,8).

3. Investidura (1,9-10)

Estamos no centro de uma grande *cerimônia de iniciação profética* que se desenrola entre Jeremias e Deus. Numa linha parecida poderiam encontrar-se as *unções* dos reis, consagrados com óleo para o ministério de governar o povo, como indicam os gestos recolhidos em 1Sm 10,1; 16,13; por isso os reis (e logo o messias) são chamados ungidos ou cristos. Mas aqui encontramos também uma grande diferença, na linha daquilo já visto em Is 6: a investidura se realiza com um gesto direto do próprio Deus (ou do serafim de Is 6) que toca e transforma (consagra) os lábios ou a boca do mesmo profeta. A cerimônia de investidura tem dois momentos:

1) *Há um gesto: Deus toca na boca de seu profeta.* Já não é preciso nenhum intermediário, nem sequer um serafim. Jeremias habita na proximidade de Deus, de tal forma que sentiu o toque sagrado nos lábios. Isto é o profeta: um homem todo boca, ou seja, um transmissor da palavra. Ali onde sua pequenez é maior (não sabe falar) faz-se mais forte a presença de Deus. Talvez pudéssemos dizer que a própria mão (poder atuante de Deus) se faz poder de palavra em sua boca.

2) *Há uma voz declaradora: eis que ponho as minhas palavras em tua boca!* Deus faz o que diz e diz (ou seja, expressa e explicita) o que faz. Este é o *sacramento profético*: o rito de iniciação ou consagração de Jeremias. Talvez possamos acrescentar que o poder da palavra de Deus se "somatizou" em seus lábios, explicitando-se de forma intensa e criadora. O profeta carece de todos os restantes "bens" da terra: não tem exércitos, não dispõe de riquezas, carece de poderes administrativos. Mas em meio a sua pobreza tem aquilo que é maior: Deus lhe confiou sua palavra!

Eis que ponho as minhas palavras em tua boca! A palavra de Deus é força criadora, como bem sabe Gn 1: ela vai fazendo com que as coisas dos céus e da terra surjam e recebam um sentido dentro do grande cosmo. Pois bem, agora, no centro da história humana, entre conflitos de violência e forças destrutivas, Deus confia sua palavra a Jeremias, dando-lhe força sobre os restantes poderes da terra.

Vê! Eu te constituo, hoje, sobre as nações e os reinos. Parece que nações (*goyim*) são os povos humanos, como unidades sociais, culturais ou raciais; nesses momentos de crise, quando a ordem social do antigo oriente estala em mil pedaços, as nações parecem organismos vivos que sofrem, se revolvem, buscam, lutam. *Reinos* (*mamlakot*) são, por sua vez, as unidades políticas organizadas, com seus próprios reis, seus planos militares, seus anseios de conquistas. Nações e reinos, o que hoje chamaríamos povos e estados, constituem as duas forças principais da história humana; são poderes formidáveis que parecem possuir autonomia sagrada e que, às vezes, se apresentam como realidades divinas.

Pois bem, por cima desses poderes que tendem a se impor ao mundo pela força, em história de soberba idolátrica, eleva-se o Deus verdadeiro que oferece o poder a seu profeta. Mais tarde Dn 7 dirá que Deus, o grande ancião, vem derrotar os poderes adversários deste mundo (os reinos idolátricos), para oferecer assim o poder final a uma figura sobre-humana que desce das nuvens do céu, ou seja, o Filho do Homem. Pois bem, em nosso texto, de maneira muito mais simples, Deus concedeu ao profeta autoridade sobre os reinos.

É evidente que o texto só pode ser interpretado de maneira paradoxal. Falando em termos comuns, o poder pertence *aos povos e aos reinos*: são eles que dominam na marcha da história; em meio a esses povos-reinos se encontra Jeremias, envolvido em um turbilhão de impotências, de batalhas, de dores. Pois bem, num sentido muito mais profundo, o verdadeiro poder é próprio do *profeta*: em meio a sua debilidade, Jeremias recebeu a autoridade de Deus sobre os grandes impérios da terra.

Jeremias tem *o poder da palavra*. Entendido dessa forma, o texto resulta surpreendente. Há *outros poderes*, em chave de batalha e de violência, de luta e ambição que se estabelecem e triunfam pela astúcia ou pelas armas. Por cima deles destaca-se aqui *o poder de Deus* que é revelado e concedido a seu profeta em forma de "palavra". Alguém dirá: não pode nada, só falar! Que vale a palavra ante outros elementos da vida e da luta da terra? Tudo! Ali onde se crê na palavra como o primeiro de todos os poderes, ali onde essa palavra se manifesta como sinal de Deus e força criadora de sua vida e de sua graça nesta terra, tem sentido a vocação profética, surge um homem como Jeremias.

Esse homem, Jeremias, vale e pode mais que todos os restantes poderes políticos, sociais, militares de seu tempo: proclama a palavra de Deus e ela se transmite num livro que continua plenamente atual, como prodígio de frescor, potência criadora e graça em meio à história. Deus mesmo o colocou, como representante de seu julgamento entre os homens:

a) para arrancar e para destruir (*lintosh wlintos*).

b) para exterminar e para demolir.

a') para construir e para plantar (*libnot wlinto*) (1,10).

Costuma-se dizer que os verbos do meio (item b) foram acrescentados mais tarde sobre uma composição original de Jeremias, que seria perfeitamente rítmica, feita de contraposições. A primeira parte (a) seria *negativa*; o profeta arranca e destrói, em nome de Deus, proclamando seu julgamento destruidor sobre os homens. A segunda (a') seria positiva e estaria contraposta à primeira: o profeta inverte o caminho anterior e constrói onde havia destruído, planta onde havia arrancado. Assim se complementam as duas imagens fundamentais: uma de tipo agrário (arrancar e plantar); outra ligada à edificação de casas ou cidades (destruir e construir). Em meio a um furacão que parece solapá-lo, partindo dos próprios cimentos da história, se situa o profeta como vigia de Deus: sua palavra acaba sendo o poder fundamental sobre (para) os homens.

Situada nessa luz (de a e a'), a missão do profeta aparece equilibrada entre o *negativo* (arrancar e destruir) e o positivo (construir-plantar). Esta é uma experiência de *morte* aberta a um possível *novo nascimento*. Nesse aspecto, Jeremias representa um claro avanço com respeito ao chamado e mensagem de Is 6, onde destacava e de algum modo se absolutizava o aspecto negativo ou de condenação: o profeta proclamava e no fundo realizava o julgamento destruidor de Deus sobre o pecado dos homens, sem deixar quase resquício de esperança. Aqui, pelo contrário, se explicita também o positivo que pode ser apresentado como meta ou palavra final da mensagem profética de 1,10.

No entanto, no conjunto de Jr 1,1-19 predomina o aspecto de condenação, como continuaremos a mostrar. Por isso não é estranho que o próprio Jeremias ou um glosador posterior tenha acrescentado no centro desta grande "comissão profética" de 1,10 dois novos verbos de condenação (b), que rompem o equilíbrio anterior entre o negativo (a) e o positivo (a'). Não posso entrar aqui num tema de crítica poética e literária que vai além dos limites de meu estudo, mas, olhando as coisas em sentido teológico e de estrutura narrativa, me parece que os verbos centrais (exterminar e demolir, de 1,10b) resultam não só apropriados mas, de alguma maneira, necessários: rompem o equilíbrio de ameaça-promessa, destacando o aspecto de ameaça e julgamento dentro de um contexto de vocação onde o profeta recebe forças para manter-se firme na tarefa de julgamento que deve realizar sobre seu povo. Neste momento da história da Palavra está predominando o aspecto do julgamento: só ali onde se leva até o fim a obra de "denúncia" (destruição da ordem velha de pecado) poderá surgir o verdadeiro "anúncio" salvador. Dessa vocação para a denúncia falam ainda os momentos seguintes do texto.

4. Sinais proféticos (1,11-16)

Aparecem em forma de visão. De pronto o processo discursivo se rompe. Deus deixa de falar em forma direta e Jeremias vê ou descobre sinais que pertencem ao processo de sua própria vocação. Não vê Deus, diferentemente, portanto, ao que notávamos nos casos de Moisés (Ex 3,2) e Isaías (Is 6,1). Vê realidades normais deste mundo (uma vara de amendoeira, uma panela fervendo); a novidade se encontra na forma de entender essas visões, descobrindo nelas o sentido da ação de Deus, tal como se explicita na palavra que serve para interpretá-las.

A estrutura do texto é simples. Deus pergunta a Jeremias por duas vezes o que ele está vendo. Jeremias responde, precisando em cada caso o objeto de sua visão. Então Deus intervém, reinterpretando o sentido da vista a partir da palavra que o próprio Jeremias utilizou para descrevê-la. A técnica de fundo é de tipo literário mais que visionário, ainda que os dois matizes se vinculem, como indicaremos primeiramente de uma forma esquemática e logo explicitaremos com mais detalhes:

1) *A vara de amendoeira* (1,11-12)
    a) *Plano de visão*: a vara é sinal de mando e castigo. Deus mesmo parece brandi-la com força, levando-a na mão.
    b) *Jogo literário*: a vara é de amendoeira (= *saqued*), nome que alude ao fato de que Deus se encontra vigilante (*soqued*), atento e disposto a cumprir o decidido.
2) *A panela fervendo* (1,12-16)
    a) Plano de visão: é mais claro e imediato que no caso anterior; da panela de fogo da ira de Deus vêm todos os males, como invasão de fogo (queimadura) que se aproxima para assolar a terra.
    b) Jogo literário: a boca da panela está inclinada a partir do Norte, ou seja, a partir do *saphôn*: pois bem, do Norte geográfico (*misaphôn*) virão a desencadear-se sobre Judá e Jerusalém todos os males.

O profeta não vê coisas especiais, não é um visionário no sentido comum da palavra: basicamente falando, sua maneira de entender a realidade é *neutra* ou, talvez melhor, se é que se pode utilizar a palavra, é *objetiva*. Jeremias olha e descobre aquilo que todos estão vendo. Mas ele escutou uma palavra especial que o leva a interpretar tudo de uma forma distinta e mais profunda: as próprias realidades aparentemente neutras se convertem a seus olhos em sinal da presença ativa de Deus.

Poderíamos dizer que os próprios sinais são agora profecia. Jeremias é um poeta, um criador de realidade: alguém que sabe olhar e dizer, com o poder da palavra de Deus que o sustenta. É Deus que lhe vai indicando a profundidade das coisas, dirigindo-lhe com isso seu olhar. Nesse aspecto, a nova visão de Jeremias tem uma *objetividade distinta* e mais profunda que lhe permite descobrir matrizes que outros não descobrem, levando-o para mais perto da realidade.

Que é uma *vara de amendoeira*? Uma exegese clássica, que continua sendo popular em muitos ambientes, associa-a com um "ramo" (ou galho florido); a amendoeira é a primeira das árvores a mostrar sua flor e assim anuncia a chegada da primavera; este seria um bom sinal de Deus para o profeta. Mas todo o texto, com a explicação posterior de 1,12, o mesmo que temos para vara (= *maqqel*), nos obriga a mudar essa imagem. Jeremias não está vendo um galho florido, mas algo como uma estaca, um bastão ou tronco de amendoeira que serve de apoio no caminhar e para defesa ou golpe em caso de perigo.

Esta é a vara do julgamento de Deus que está atento para cumprir sua palavra. Jeremias se sentiu inerme, sem apoios ou seguranças. Pois bem, a visão da estaca de amendoeira serve para que ele se tranquilize. Ele não pode, mas o poder de Deus o sustenta e acompanha, oferecendo-lhe a certeza de que o prometido vai cumprir-se.

A segunda visão é a de uma *panela fervente*, inclinada a partir do lado Norte. Fiquemos por enquanto com a imagem da panela: inclinou-se num momento e parece que seu ventre de fogo (água fervendo) virá derramar-se no solo, queimando assim tudo o que ali se encontra. Poderiam traçar-se paralelos com imagens provenientes de diversas tradições: a caixa de Pandora, cheia dos males dos homens, etc. Mas não é preciso: o simbolismo vale por si mesmo; em algum lugar do mundo Deus colocou uma panela imensa, onde estão armazenados os males que ameaçam os homens; pois bem, nesse mesmo momento a panela se inclina, a boca se abre e começam a sair um a um os males ou poderes destruidores da história.

Jeremias sabe onde se encontra essa panela: em *saphôn*, isto é, no Norte. Abramos um mapa da Palestina. Ao oriente de Jerusalém está o deserto, ao sul (em sentido lato) se encontra o

Egito, ao ocidente as ilhas dos gregos...; do norte vêm os caminhos dos invasores assírios ou caldeus (babilônios), seguindo a rota que em outro tempo fora percorrida por Abraão, respondendo à palavra de Deus (Gn 12,1-9). Essa rota do norte, travessia usual de caravanas, converte-se agora em caminho da morte: ali, na zona do alto Eufrates, após a famosa batalha de Cárquemis, evocada pelo mesmo Jeremias em 25,1-13, incuba-se o desastre para os habitantes de Judá e Jerusalém; dali provém a invasão de povos portadores da morte.

Vistos de fora, os acontecimentos históricos resultam conhecidos: após a queda do império assírio (609 a.C.), o poder dos babilônios cresce e se expande, como inundação de fogo, vindo do norte. Ao inimigo destruído (assírios) sucede um inimigo pior que Deus mesmo utiliza como sinal de seu julgamento sobre o mundo. Foi isto que Jeremias descobriu, seguindo um esquema que outros profetas, especialmente Isaías, haviam traçado de forma magistral: Deus mesmo dirige a marcha dos grandes exércitos do mundo, realizando por meio deles seu julgamento sobre os rebeldes de Judá e Jerusalém.

A imagem resulta voluntariamente dura: *uma panela* fervente que se inclina e derrama seu líquido de fogo. Pois bem, quem atiça o grande fogo, empurrando a panela para que se incline e estenda seus males vindos do norte, é o próprio Deus. Quem poderia fazê-lo? Este é o centro da revelação profética: aquilo que parece e é o mal supremo (a inundação de fogo dos povos que vêm do norte) é apresentado como sinal de julgamento de Deus para Judá e Jerusalém (1,12-15).

A imagem continua sendo dura: virão todas as dinastias do norte e porão seu trono (as armas de sua força) diante de cada uma das portas de Jerusalém, contra cada uma das cidades de Judá. A destruição não poderia ter sido profetizada com mais força: o próprio Deus dirige os inimigos de seu povo; o próprio Deus combate contra aqueles que deveriam ser preferidos. Este é o amor violento de Deus, de seus zelos.

Mas no próprio âmago da destruição continua existindo um elemento de esperança: se Deus combate assim contra Judá e Jerusalém é porque ainda continua a amá-los; diz a eles que os ama ao castigá-los, como saberá toda a tradição israelita posterior (cf. Eclo 36,4). Mesmo na rejeição Deus mostra a eleição: os habitantes de Judá e Jerusalém, ameaçados por Jeremias, continuam no centro da atenção de Deus. Os exércitos do norte (o grande império de Babel) perdem sua "neutralidade", deixam de ser algo que brota pelo puro jogo das forças econômicas, sociais, militares da terra; surgiram porque Deus assim o quer, foram preparados para realizar seu julgamento sobre o mundo.

Pronunciarei contra eles os meus julgamentos (contra os judeus)... Através dos exércitos invasores do norte. Deus está presente em todo o processo da história e, no entanto, não intervém de uma forma externa, mas nos próprios eventos (ou através de uma palavra do profeta). Não há fatos estranhos, em chave física ou militar: o mar não se abre, não caem os montes, nem guerreiros celestes de fogo lutam... Humanamente falando tudo é normal e tudo pode ser explicado com as leis políticas do mundo. Mas no fundo dessas leis o profeta descobriu uma mão superior: Deus mesmo realiza dessa forma seu julgamento sobre o mundo.

A razão deste grande movimento militar, a causa desta comoção de povos que sacudirá de um modo brutal todo o Oriente, parece muito pequena: *os judeus abandonaram a lahweh, queimaram incenso a deuses estrangeiros...* (1,16). Não será isto um narcisismo masoquista? É verdade que os caldeus puderam conquistar Jerusalém porque os judeus pecaram? Não há outras razões militares, econômicas, sociais? Certamente! No plano da análise histórica mundana os judeus são como qualquer outro povo; eles foram invadidos da mesma forma que outros o foram. A história é assim brutal; sempre ocorreram essas coisas, não busquemos mais explicações.

Isto é certo num plano, mas em outro temos de continuar buscando explicações. A razão última da invasão é o pecado, nosso pecado: nós, judeus, eleitos de Deus, somos responsáveis pelo mal que vem sobre o mundo, causadores de nossa própria ruína. Isto é o que *a maioria das pessoas não vê*: lançamos a culpa nos demais, buscamos sempre bodes expiatórios, condenamos os outros, para dessa maneira limpar nossas mãos e apresentar-nos como inocentes. Assim fazemos desses outros os culpados de que o mundo se encontre desta forma. Pois bem, contra isso *o profeta é quem vê*: reconhece o pecado de seu próprio povo, confessa a culpabilidade dos mesmos "eleitos de Deus" e se sente chamado a proclamá-la nas praças. Esta é sua vocação, sua tarefa entre os homens.

De acordo com uma visão talvez posterior, os judeus celebram a cada ano uma grande cerimônia de confissão coletiva, o *Yom Kippur* ou dia da expiação: reconhecem seu pecado e o apresentam diante de Deus através dos dois bodes machos a que o rito alude (Lv 16). Aos olhos do profeta isso seria demasiado fácil: o lugar do julgamento de Deus não é uma simples cerimônia, ritualmente repetida ano após ano, mas sim é o próprio campo de jogo da história. Disse campo de jogo e devo corrigir: o julgamento de Deus se realiza no campo de vida e morte da história.

Certamente os homens são *responsáveis* por seus atos, como Jeremias sabe perfeitamente e o afirma em palavras de força memorável (por exemplo, no sermão do templo em Jr 7). Essa mesma responsabilidade coloca em marcha isso que poderíamos chamar *juízo imanente da história*: de uma forma misteriosa, Deus vai dirigindo as ações dos homens e dos povos, de maneira que o mal acaba sobre os culpados. Os demais não o descobrem, pensam que tudo é um efeito da sorte ou resultado da força bruta dos fortes. Já o profeta sabe: olha com olho transparente para a história, vendo nela a mão de Deus.

Levando em conta a mão de Deus há de se entender a sorte dos judeus: abandonaram a justiça, deixaram de ser fiéis a seus compromissos (pacto) e, dessa forma, desencadearam poderes do mal que acabaram por destruí-los. É possível que haja outros fatores na marcha da história, outras causas e motivos nas lutas dos povos, nas fortes invasões que provêm dos inimigos do norte. Fiel a sua visão de Deus, clarividente em sua maneira de centrar o tema, Jeremias se fixou só (basicamente) na culpa dos judeus: são eles que em seu pecado acabaram por desencadear a ira de Deus sobre a terra (ou seja, desencadearam a invasão dos caldeus).

5. Confirmação do ministério profético (1,17-19)

É bem possível que tudo isto cause estranheza. Não estaríamos diante de um imenso equívoco? Não se teriam mesclado aqui, sem causa alguma, dois níveis de realidade: um interno (espiritual) e o outro externo e objetivo? Não é uma ilusão dizer que foram os pecados religiosos de Israel os que causaram esta imensa comoção do povo? De forma alguma! Precisamente ali onde se unem esses dois níveis pode surgir e surgiu a profecia.

O profeta não é um simples sábio em técnicas de guerra ou de política; não é um sociólogo que estuda os diversos elementos da vida dos povos. Tudo isso pertence de algum modo a sua missão, mas não chega a esgotá-la. Acima desses planos, o profeta descobriu outra razão (ou sem razão). Nós mesmos somos responsáveis pelos males da história! Por que nós? Não há outros povos, não há mais responsabilidades? Evidentemente, há outros povos e responsabilidades, mas cada grupo deve assumir sua própria culpa e confessar seu próprio pecado diante dos outros.

O problema dos judeus está no fato de eles "saberem mais", ou seja, receberam mais. Por isso são chamados a maior atenção, a tarefa mais forte. O próprio fato de haver recebido mais os situa diante da urgência de um compromisso maior. Por isso, no momento da crise devem confessar o pecado com mais força. Chega a um ponto de calamidade e não podem desculpar-se dizendo que os outros são culpados, lançando sobre eles a carga do pecado. Esta é a tarefa que cabe por inteiro a Jeremias, o profeta: precisamente no momento da calamidade, quando parece que se juntam todos os males, tem de dizer aos judeus que aprendam a reconhecer seu pecado, interpretando assim a ruína do povo como resultado de suas próprias culpas.

Trata-se de uma tarefa difícil. Deus não chama seu profeta para afagar os ouvidos dos homens com palavras doces de consolo fácil. Não o escolhe para dar razão e assim fortalecer os violentos e injustos da terra, pelo contrário: para ensiná-los a descobrir e a confessar seu pecado. Profeta é o homem que sabe olhar no profundo, descobrindo pecado e violência ali onde outros homens não veem nada ou buscam falsas justificativas. Contra todas essas justificativas, contra o afã de lavar as mãos lançando a culpa nos outros (mecanismo do bode expiatório), contra o orgulho daqueles que se creem eleitos de Deus e intocáveis por fundar-se em estruturas que parecem garantidas pela tradição (templo, monarquia sagrada), se ergue o profeta dizendo: na raiz da ameaça com que o povo se depara está a própria culpa desse povo. Quem possa olhar dessa forma para a profundidade e dizer o que viu (mostrando assim a culpabilidade dos habitantes de Judá)... Esse é um profeta.

Logicamente o profeta há de sofrer: sua tarefa não é simples nem agradável, como indicam as palavras finais do oráculo (1,17-19). Depois dos dois sinais proféticos (1,11-16) volta o tema da vocação e da investidura. Deus reassume o discurso anterior e o completa ou ratifica, oferecendo a Jeremias a segurança final de sua presença.

Mas tu cingirás teus rins, levantar-te-ás e lhes dirás... Tudo o que vem a seguir (1,17-19) é uma ampliação e confirmação do indicado na vocação e investidura, ao início (1,4-10). Depois dos dois sinais (1,11-16), Deus reassume seu argumento, de tal forma que o texto pode ser interpretado a modo de *inclusão*: 1,4-10 e 1,17-19 correspondem entre si, deixando no meio a pausa dos sinais de 1,11-16. De toda forma, estas novas palavras não são uma simples repetição do anterior: os argumentos seguem, mas o tom é distinto, mais militar e expressando chaves de uma *guerra santa*. Explicita-se assim o que fora indicado em 1,8: "não temas diante deles". Assim se explicita o mais formoso dos paradoxos da força e debilidade que encontramos no Antigo Testamento.

Jeremias é o *profeta débil* por excelência: a criança que não sabe falar (1,6), o homem que vive açoitado pela sombra de seu medo, tal como o indicam sem cessar suas confissões (Jr 11,18-21; 12,1-6; 15,10-21; 17,14-18 etc.). Pois bem, essa mesma debilidade se inverte por graça da palavra-assistência de Deus, convertendo Jeremias no *profeta forte* por excelência. Três são os momentos e temas principais do texto:

1) *Não tenhas medo deles, para que eu não te faça ter medo deles...* Jeremias se apresenta como portador da "palavra"; leva em si a força de Deus e por isso deve manter-se forte (1,17).
2) *Quanto a mim, eis que te coloco, hoje, como uma cidade fortificada...* As imagens se avolumam, numa espécie de grande simbologia militar: cidade, coluna, muralha! Ferro, bronze! Jeremias, o pobre profeta trêmulo, apresenta-se como sinal supremo da ação de Deus na terra: pode mais que todos os exércitos do mundo (1,18)!
3) *Eles lutarão contra ti, mas nada poderão contra ti, porque eu estou contigo...* A fortaleza de Jeremias não é outra que o poder de Deus. Por si mesmo nada pode; mas pode tudo com o Deus que o acompanha e sustenta. Dessa forma apresenta-se como sinal de Deus na terra (1,19).

Traçando daqui uma visão panorâmica de tudo o que estamos vendo, poderíamos afirmar que Deus chama, envia e conforta. *Deus chama*, este é o primeiro dos traços da vocação: vem de fora e nos dirige a palavra, convidando-nos a dialogar com ele: Jeremias escutou essa palavra e iniciou o diálogo. Não teve medo, não se retraiu; por isso é um profeta. Em segundo lugar, *Deus envia*: abre um caminho para o homem, oferece-lhe uma tarefa ou missão sobre a terra. Jeremias se sentiu débil, mas se deixou enviar, sendo assim um profeta. Em terceiro lugar, *Deus conforta ou acompanha*: nunca nos deixa no caminho, nunca se desentende de nós ou nos abandona. Jeremias se soube sustentado por essa presença divina. Assim ratifica sua obra de profeta.

Certamente *dá medo ser profeta*: como Jeremias sabe por dentro (1,17). Dá medo confrontar os poderes do mundo, penetrando com a luz de Deus no pecado dos homens, levando-os à descoberta de sua culpa. Dá medo ser testemunha de outras coisas que se encontram além daquelas que os homens no mundo valorizam. Na escola de Deus Jeremias escutou a palavra e na fidelidade a Deus deve proclamá-la, em meio a um contexto muitas vezes adverso.

Nem toda vocação é *vocação para a batalha*, mas às vezes resulta necessário preparar-se para ela. Jeremias foi em tudo o contrário a um guerreiro, no sentido convencional da palavra. E, no entanto, toda a sua vida foi uma espécie de guerra sem trégua: teve de lutar só (ou, melhor dizendo, partindo de Deus) contra reis-príncipes-sacerdotes-povo, num tipo de "guerra de Deus" que é o oposto de todas as guerras deste mundo. Sem mais armas que a palavra, sem outro poder que sua debilidade, sem outro auxílio que seu Deus, Jeremias teve de se opor aos "poderes fáticos" (sociais, religiosos, militares) de Jerusalém, em atitude de compromisso em favor da graça (manifestação) de Deus.

Não foi guerreiro e, no entanto, a palavra de Deus o apresenta como um homem *inexpugnável*, como alguém a quem ninguém consegue derrubar: *não te vencerão*. Por quê? Porque a batalha de Jeremias se mantém e se decide no nível da verdade de Deus, fundada na palavra de justiça, dirigida à graça que se abre à transformação dos valores dos humanos. Jeremias soube bem: tudo passa! Todos os valores deste mundo acabam enquanto antivalores! Ao final só conta o poder da graça de Deus e sua justiça. Nesta grande "batalha" não violenta, ameaçado por todas as violências da terra, manteve-se Jeremias, como testemunha sofredora de Deus na terra, num caminho que os fiéis de Jesus sabem que foi percorrido até o final e culminado por Jesus Cristo.

6. Apêndice

6.1. Sugestões de leitura

Jr 1-25; 30–31; 33: contêm os oráculos fundamentais de Jeremias.

Jr 26–45 (menos 30–31; 33): relatos biográficos sobre Jeremias.

Baruc, Lamentações e Carta de Jeremias: também relacionados com a tradição do profeta.

6.2. Textos ilustrativos

– Quando Jeremias entrou no templo de Deus... o sangue manchava os degraus do altar que Sedecias (o rei) havia profanado. Viu o pedestal de Baal colocado na frente do lugar santo. Logo gritou:
– Oh! Esta casa de Deus se converteu em templo de ídolos.
Jeremias caiu com seu rosto nas escadas do altar e clamou a Deus desta forma:
– Deus desta casa, Pai de bondade, compassivo e misericordioso! Senhor de minha alma e de meu corpo, Rei de todos os séculos! Olha do céu a teu povo que Nabucodonosor humilhou. Compadece-te deles e tem piedade; livra-os de seus inimigos.
Depois que Jeremias adorou o Senhor, a voz deste veio a ele:
– Jeremias, meu escolhido! Não te disse que intercedesses por este povo de dura cerviz? Não sabes que eu sou um Deus piedoso? Olha, aqui está todo o povo e é a hora sexta. Levanta-te, acende uma lâmpada e examina Jerusalém. Se encontrares um homem no qual habite a misericórdia de Deus, eu farei voltar a este povo e não lhe permitirei ir para o cativeiro... (*Apócrifo de Jeremias* 27,1-13. Edição de A. Díez Macho [ed.], *Apócrifos del AT*. Madrid, Cristiandad, 1982, v. II, p. 424. Jeremias aparece neste texto judeu de princípios da era cristã como intercessor em favor de seu povo, ocupando quase um lugar messiânico.)

– Santo és tu, santo é teu nome e os santos te louvarão perpetuamente... Tu nos deste com amor este dia (de sábado e de) recordação, dia de som de trombetas, dia de convocação santa, em memória de nossa saída do Egito. Por nossos pecados fomos desterrados de nosso país e afastados de nossa terra, e não podemos fazer nossa obrigação na casa de tua eleição, na casa grande e santa que leva teu nome, pois teu santuário está destruído. Seja a vontade tua, Deus nosso e de nossos pais, voltar a ter compaixão de nós e de teu santuário, reconstruí-lo e aumentar sua glória. Pai nosso, rei nosso, faze-nos logo ver tua glória, mostra-a a nós diante de todos os homens, tira todos os dispersos de entre as nações, recolhe-nos das extremidades da terra, traze-nos a tua cidade Sião com canto e a teu santuário Jerusalém com suma alegria. Lá te ofereceremos os sacrifícios obrigatórios, os diários conforme o rito e os agregados conforme a regra; os agregados (do sábado e) do dia das expiações te ofereceremos com amor, conforme está escrito na lei que nos foi dada por meio de teu servo Moisés, como está dito. (*Ritual israelita de orações. Rito Aschkenaz*. Buenos Aires, Sigal, 1976, p. 491. Esta oração recolhe um tipo de piedade penitencial de confissão dos pecados e de esperança da volta a Jerusalém que se inspira na tradição que brota de Jeremias.)

6.3. Perguntas orientadoras

1. Como se divide o livro de Jeremias? De que partes consta?
2. Que são as chamadas *confissões* de Jeremias?
3. Em que parte do livro se encontra a vocação de Jeremias?
4. Em que tempos Jeremias realiza sua missão?
5. Como se relaciona conhecer de Deus e vocação?
6. Por que se diz que Jeremias é um consagrado?
7. Como se sente Jeremias ante a chamada: pecador ou criança?

8. Em que se distingue Jeremias de Isaías ao responder ao chamado de Deus?

9. Por que se emprega na vocação um esquema de chamado, objeção e resposta esclarecedora de Deus?

10. Quem dá força a Jeremias em seus lábios: um serafim ou o próprio Deus?

11. Por que Jeremias é chamado profetas de nações e reinos?

12. Há no envio de Jeremias um elemento criador e de esperança? É tudo somente negativo?

13. Que significa o sinal da amendoeira? Alude à flor temprana? Ou se referiria à vara de castigo?

14. Por onde está aberta a boca da panela ardente? Por que se diz que o norte é lugar de perigo?

15. Como se incluem na vocação os aspectos de missão e visão?

16. Podem separar-se no chamado profético o plano puramente religioso e o político?

17. Por que se diz que Jeremias será como cidade inexpugnável?

Precisar os momentos fundamentais da vocação de Jeremias: chamado, objeção, resposta de Deus, sinal, confirmação... Comparar o texto com os já estudados sobre Abraão, Moisés e Isaías.

Capítulo 6

Elias e Jonas: nova vocação, crise de vocação

Apresentamos o caminho de Israel como *história vocacional*, sucessão de criadores religiosos (Abraão, Moisés) e profetas (Isaías, Jeremias) que vão traçando com sua vida os momentos de presença e atuação de Deus na terra. Poderíamos ter acrescentado ainda mais relatos de chamado. Seguindo aos criadores e líderes se encontram Josué (Js 1,1-18), Gedeão (Jz 6,11-24) e Samuel (1Sm 3): todos eles nos oferecem um forte exemplo vocacional que se pode estudar e ainda traduzir em nosso tempo. Em linha profética, seguindo o testemunho de Isaías e Jeremias, seria preciso estudar o chamado de Ezequiel (Ez 1–3), de tanta influência nas visões posteriores de Israel e da Igreja. Também são importantes outros relatos de vocação profética como os de Eliseu (2Rs 2,1-18), Amós (7,10-17; 9,1-4), Oseias (1,1-9; 3,1-5) e o Segundo e Terceiro Isaías (Is 40,1-11; 61,1-6).

Esses textos oferecem a *fisionomia espiritual* dos homens religiosos e profetas de Israel. Neles descobrimos o sentido do encontro da humanidade com Deus, em chave de chamado e resposta. Porém, conforme o que vimos, quisemos centrar-nos em quatro exemplos principais (Abraão e Moisés, Isaías e Jeremias), pois neles se encontra a experiência vocacional mais significativa. Só a título de conclusão, mudando em parte o estilo de nosso trabalho e fazendo-o mais sintético e próximo, quisemos apresentar dois novos relatos vocacionais que reunimos com o título de *crise do profeta*.

Trata-se de dois relatos típicos, com forte caráter exemplar, que servem para descobrir melhor o paradoxo da vocação israelita. *Elias*, profeta velho, lutador já veterano, tem que voltar ao princípio de seu chamado e compromisso, redescobrindo a Deus de uma maneira mais profunda, para reiniciar sua tarefa de mensageiro de Deus e defensor do javismo em Israel. *Jonas*, profeta recalcitrante, quer negar a palavra de Deus porque pensa que esse Deus quer enganá-lo; termina assim decepcionado porque os antigos pecadores ninivitas se convertem.

O caráter de ambos os textos é muito diferente. *Elias* nos leva ao começo da história profética, ao momento da grande decisão por Iahweh, superando o risco dos ídolos ou baals. Jonas nos situa ao final dessa história, quando se pode olhar para trás e compreender, em visão de conjunto, tudo o que foi o caminho da profecia israelita. Ambos, sendo muito diferentes, têm algo em comum: são *profetas em crise*. Por isso, em tempos como os nossos, que alguns pensam ser de crise especial, queremos recordá-los.

1. Elias, o profeta chamado de novo (1Rs 19)

Apresentamos Elias como profeta do *segundo chamado*, como um homem que descobriu sua verdadeira vocação depois de ter cumprido por longo tempo sua tarefa de profeta. Sua história foi recolhida em 1Rs 17-19.21 e 2Rs 1–2. Está datada nos tempos de Acab, Ocozias e Jorão, reis de Israel, entre 874 e 841 a.C. Elias foi durante muitos anos o representante do autêntico javismo, dentro de um contexto sociorreligioso inclinado aos pactos interiores (identificação entre javismo e baalismo) e exteriores (o reino de Israel se inclina para a política normal do Oriente, especialmente de Fenícia e Síria).

A história de Elias está vinculada à *resistência do javismo*. O culto aos baals (deuses da fertilidade e da vida) introduzia o homem no ritmo da vegetação e o identificava de algum modo com o restante dos político-sociais do mundo. Iahweh, pelo contrário, é Deus da fidelidade, da ética e do compromisso pessoal fundado nas velhas tradições do povo, na linha da justiça social.

Grande parte da história de Elias é centrada em torno da *água*, isto é, em torno da colheita. Quem fertiliza a terra e dá de comer aos homens? Iahweh? Os baals? Mais ainda: quem deve ser adorado? Estes problemas representavam naqueles anos (cerca de 880 a.C.) o tema fundamental de disputa israelita. Estava em crise a própria sobrevivência religiosa (e social) do povo. Em caso de inclinar-se ao baalismo, identificando Iahweh com os deuses da fertilidade, próprios dos cananeus anteriores a sírios e fenícios, os israelitas teriam acabado por perder sua identidade, convertidos em um povo a mais entre os povos do entorno.

Pois bem, Elias encabeçou a resistência israelita. Por isso Iahweh é Deus da água, o único que deve ser adorado (1Rs 17-18). É também Deus da *justiça social*, que garante o direito de cada família israelita sobre a terra de seus antepassados (1Rs 21), e Deus da *saúde,* e assim pode concedê-la aos humanos (2Rs 1). Em nome desse Deus Elias combateu os mais fortes combates religiosos e sociais do tempo antigo.

Certamente teve sua ilusão de glória. Posto a serviço de Iahweh, Deus da aliança, Elias combateu durante muitos anos pela fidelidade religiosa do povo. As posturas se enfrentavam duramente: o seguimento de Iahweh, Deus transcendente, se encontrava ameaçado pelos cultos mais concretos e vitais do baalismo. Elias defendeu com força os princípios do javismo.

Por isso manteve no Carmelo um forte combate, uma guerra mortal contra os grandes profetas do baalismo (1Rs 18); manteve em Jezrael uma luta por justiça ante o rei que matava homens inocentes por um pedaço de terra (1Rs 21). A história de Elias se encontra ligada à paixão do *fogo*, é como chama que destrói todos os contrários (2Rs 1).

À luz deste pano de fundo se há de entender nosso texto (1Rs 19). Não é possível situá-lo no conjunto ou ciclo de Elias, embora seu lugar atual seja apropriado, dentro dos três primeiros capítulos do ciclo (1Rs 17–19): Elias profetizou a seca como castigo de Iahweh (Senhor da água); matou no Carmelo os profetas de Baal, oferecendo a água ao povo (1Rs 17–18). É normal que o rei baalista o persiga e que este termine fugindo para o Horeb, pedindo a Deus uma resposta (1Rs 19). É bem possível que também o episódio da vinha de Nabot (1Rs 21) e da mesma forma a ameaça contra Ocozias (2Rs 1) devam datar-se em um momento precedente. Nosso texto há de se situar no fim do ciclo e da vida de Elias. Só ficaria para depois o chamado de Eliseu (2Rs 2) e a subida final de Elias ao céu. Mas aqui não podemos resolver esses problemas. Voltemos à passagem e comecemos a ler o texto. A rainha se enfurece. "Elias temeu, levantou-se e partiu para salvar a vida. Chegou a Bersabeia, que pertence a Judá, e deixou lá seu servo" (1Rs 19,1-3).

Chegou o dia pesado e o profeta de justiça e fogo se descobre ferido, sem alento nem futuro, como tantos de nós. Lutou muitos anos, está velho, e ao fim quer ficar só, sem amigos ou criados, como um homem que se sente por dentro derrotado. Foge do conflito social, dos poderes que ameaçam e perseguem. No fundo, escapa de si mesmo:

> Ele fez pelo deserto a caminhada de um dia e foi sentar-se debaixo de um junípero. Pediu a morte, dizendo:

– Agora basta, Iahweh! Retira-me a vida, pois não sou melhor que meus pais (1Rs 19,4-5).

Assim devia terminar sua história, morrendo na solidão e fracasso, no descaminho do deserto. Havia sido um bom libertador. Deus mesmo quis convocá-lo e em seu nome havia combatido as batalhas fortes da liberdade. Havia corrido grandes riscos na defesa da ordem de Iahweh, empregando para isso meios de grande força, como ali, no cume do Carmelo, no dia do grande juízo (1Rs 18). Mas tudo havia resultado, ao final, inútil. Estava só. Seu caminho havia terminado no fracasso. Não havia outra coisa a fazer senão gritar ao Deus que um dia lhe saiu ao encontro para chamá-lo a seu serviço. Foi isso que fez, desejando a morte. Dormiu para não despertar. O círculo de sua vida terminava em vão. Não ficava assim rastro de sua passagem no mundo. Então, do sono mais profundo, Deus o chamou de novo:

Eis que um anjo o tocou e disse-lhe:

– Levanta-te e come.

Abriu os olhos e eis que, à sua cabeceira, havia um pão cozido sobre pedras quentes e um cantil de água. Comeu, bebeu e depois tornou a deitar-se. Mas o anjo de Iahweh veio pela segunda vez, tocou-o e disse:

– Levanta-te e come, pois do contrário o caminho será longo demais.

Levantou-se, comeu e bebeu e, depois, sustentado por aquela comida, caminhou quarenta dias e quarenta noites até à montanha de Deus, o Horeb. Lá ele entrou na gruta, onde passou a noite (1Rs 19,5-9).

Ele quis morrer, mas do fundo do sono se eleva uma voz mais forte. Na realidade, este Elias velho deseja voltar ao princípio de sua vocação, retornar à origem de seu chamado e dialogar de novo com o Deus que um dia o fez seu profeta. O arco da vocação não se fecha no vazio da morte: o autêntico chamado o conduz novamente a sua origem, para que descubra ali a autêntica palavra da vida. Por isso tem de vencer o cansaço e voltar atrás, não por um caminho qualquer, mas percorrendo em sentido inverso os passos da tentação e do chamado de Israel.

Agora entendemos algo que no texto poderia passar despercebido: a história de Elias não oferece um chamado primeiro, não tem um relato original de vocação. Por quê? Porque seu chamado continua sendo o mesmo de Moisés (Ex 2–4) e o de todo o povo israelita, tal como aparece no Êxodo. Todos participam da vocação do povo e Elias o sabe. Seu problema não está no princípio, pois este foi bom e continua influenciando em tudo o que segue. Seu problema está no final: Deus continua alimentando e sustentando a vida de seu povo? Eis a pergunta de Elias. Por isso tem de voltar atrás, para recuperar sua própria origem como profeta do povo, retornando assim às fontes de sua vocação.

Os quarenta dias de caminho de Elias correspondem aos quarenta anos de deserto do povo no princípio. Entrando em si e querendo encontrar sua origem, o velho profeta há de voltar ao mais profundo do mistério de seu povo, ao lugar em que Deus o fundamenta em sua palavra. Já não importa sua vida singular; o que está em jogo é a própria vocação de Israel, seu mistério originário. Por isso, desvestindo-se de si deve subir até o Horeb para equiparar-se à história de Moisés, o homem antigo.

A partir daqui, nosso relato (1Rs 19,9-21) é uma espécie de releitura e novo cumprimento da história de Moisés, tanto de sua vocação (Ex 3–4) como de seu encontro posterior com Deus na montanha (Ex 33–34). Ninguém tem vocação sozinho; ninguém nasce de si, do zero, sem se apoiar na vida e no nascimento dos outros. Elias, lutador javista e profeta dos grandes tempos de crise de Israel apresenta-se como um *novo Moisés*. Por isso tem de alguma forma de repetir seu caminho.

Quando mais tarde o Novo Testamento, na cena simbólica da transfiguração (Mc 9), colocar juntos Moisés e Elias, ao lado de Jesus, como testemunhas e transmissores de seu messianismo, estará levando até o fim esta mesma tendência interpretativa. O autor bíblico supõe que Moisés e Elias formam parte de uma mesma *história vocacional*. Por isso seus caminhos se refletem mutuamente e se completam. Há um mesmo Deus que põe em marcha a existência dos homens, um mesmo Deus que chama.

A figura de Elias serve para iluminar a de Moisés (e vice-versa). Mas há uma diferença: *Moisés* está no princípio, como iniciador do caminho, conforme o indicado no relato de sua vocação. *Elias*, pelo contrário, veio mais tarde, quando a história já está avançada. Vem depois e parece um fracassado, como sinal de um vazio, de uma morte: aquilo que começou com Moisés e terminou, como um rio seco. Elias chegou à velha gruta de Deus na montanha, ao lugar onde se havia revelado em outro tempo, na origem da história de Moisés. Vem pedir contas do engano e do fracasso de todo o seu caminho. Quer morrer. O arco de sua história se curva até o solo: quer terminar como parece terminar a aventura do povo israelita, como evocação mentirosa, ilusão já fracassada. Mas o relato continua. Alguém o espera na gruta:

> E foi-lhe dirigida a palavra de Iahweh nestes termos:
> – Que fazes aqui, Elias?
> Ele respondeu:
> – Eu me consumo de ardente zelo por Iahweh dos Exércitos, porque os israelitas abandonaram tua aliança, derrubaram teus

altares, e mataram teus profetas à espada. Fiquei somente eu e procuram tirar-me a vida.

E Deus disse:

– Sai e fica na montanha diante de Iahweh. Eis que Iahweh vai passar!

Um grande e impetuoso furacão fendia as montanhas e quebrava os rochedos diante de Iahweh, mas Iahweh não estava no furacão; e depois do furacão houve um terremoto, mas Iahweh não estava no terremoto; e depois do terremoto um fogo, mas Iahweh não estava no fogo; e depois do fogo, o ruído de uma leve brisa. Quando Elias o ouviu, cobriu o rosto com um manto, saiu e pôs-se à entrada da gruta (1Rs 19,9-13).

Elias, que é somente um homem, pede razões a Deus. Vem a sua gruta e lhe conta a sua história de abandono e fracasso; veladamente acusa, afirmando quase que o próprio Deus é o culpado de sua ruína. Mas o diz de maneira autêntica e Deus o escuta.

Esta é a história da vocação: um homem que sobe à gruta de Deus e pede razões. Antes *Deus desceu*. Saiu a seu encontro e lhe disse que expandisse e realizasse sua obra no mundo. Mas logo o deixou só. E é *o próprio profeta que agora deve subir* até o monte de Deus e chamá-lo na gruta, buscando razões. Ali expõe sua causa e necessita de resposta. Como homem Deus o enviou e necessita, como homem, de uma resposta: tem de saber por que as coisas se deram assim.

Elevado diante da porta de Deus, na montanha das velhas tradições, o profeta cansado, ansioso de verdade, está disposto a enfrentar os embates mais duros. Seu argumento é claro: encontra-se só! Presença de Deus no mundo era sua *aliança*; mas a aliança terminou. No lugar de Iahweh Deus eram os santos *altares* de seu templo, mas os altares caem quebrados. Homens de Deus eram os profetas, mas já não mais existem profetas. As pegadas de Deus na terra foram apagadas. Não resta mais que Elias, um Elias cansado que só pede uma razão para, ao fim, morrer na montanha. Dessa forma terá acabado a presença e obra de Deus na terra.

De maneira muito comum, como ocorre quase sempre na história das grandes vocações, Elias identifica sua causa com a causa de Deus e sua sorte com a sorte do povo. Quer descarregar sobre Deus a carga de seu fracasso. Interpreta sua ruína como ruína universal. Talvez não pudesse agir de outra maneira! O ciclo de sua vocação e sua vida normal terminou. Humanamente falando não há saída. Não há amor (aliança), não há culto (altares), não há palavra (profetas) de Deus na terra. Enquanto o mundo se consome lá embaixo em seu fracasso, Deus parece escondido numa gruta, na montanha distante. Deus não se inteira, não sabe o que se passa. Por isso Elias vem contar-lhe as histórias da terra, recordar-lhe seu fracasso e morrer de uma vez na montanha.

A cena é paradoxal ao extremo. Elias tem subido para *acusar* no fundo a Deus de seu fracasso, de sua ruína. Porém, por que sobe, se fracassou? Para que acusa, se é que Deus parece que não atua? No fundo desse paradoxo bate o enigma da história: Elias segue confiando no Deus que parece enganoso; sua mesma palavra de reprovação é, no fundo, um gesto de confiança.

Busca a Deus? Deus vem a seu encontro! Com enorme beleza e uma forte ironia carinhosa, Deus apresenta seus sinais perante Elias. Estas são suas propriedades, estes os modelos de sua ação sobre a terra! O furacão de vento que arranca os carvalhos e parte a pedra na montanha, isso será Deus. Será Deus o *terremoto* que abre gretas insondáveis na terra, devorando com suas faces as cidades dos homens pervertidos. Será Deus o grande *incêndio* de um inferno que começou a castigar e destruir sobre a terra aos que buscam cultos falsos e cultivam a injustiça em meio à história.

Séculos mais tarde, em tempos igualmente pervertidos, um grande profeta, chamado João Batista, evocava a presença de Deus com sinais semelhantes de vento, fogo e tocha destruidora (cf. Mt 3,10-11). Pois bem, o próprio Deus de Cristo que supera esses sinais de violência é o que agora vai guiando de maneira misteriosa nossa cena. Sobriamente o indica o narrador: Iahweh não estava no terror do furacão, do incêndio, do terremoto! Este é o tema da *nova vocação*: o caminho de Jesus, como experiência de Espírito criador na água do Jordão (cf. Mt 3,13-17 par) se encontra assim anunciado na experiência de Elias, capaz de escutar a voz suave e transformante da brisa que passa pela gruta.

Isto é vocação. Sobem do fundo da vida os desejos de violência, interpretados como vontade de Deus, e, dessa forma, confundimos nossa própria dureza (furacão, incêndio, terremoto) com o próprio obrar de Deus, acusando-o depois de não querer atuar como gostaríamos. Chamamos vocação de Deus nossos próprios sinais de violência. Subimos assim, com o Elias velho e fracassado, à montanha da revelação, para pedir contas ao Deus que, segundo parece, nos enganou.

Assim está Elias, aprendendo a lição final de sua existência no monte da revelação. Antes o esperou como vento destruidor; como tremor de terra o sentiu bem por dentro; como fogo o chamou em sua palavra e com seus gestos. Pois bem, agora chegam esses sinais e Deus continua distante. É como se dissesse: Elias, estavas confuso! Perseguiste o fogo e Deus não é o fogo, evocaste o furacão e Deus não é o furacão.

E, Elias, pobre velho, profeta dos anos cansados, tem de aprender a lição fundamental: deve escutar a Deus e descobri-lo em um lugar distinto, na própria brisa suave. É como se todos os seus anos passados tivessem sido pesadelo. Por isso tapa o rosto com o manto e, de pé, no alto, escuta a Deus que volta a chamá-lo: "O que fazes?". A pergunta parece cruel. Deus sabe. Por que há de insistir, humilhando seu profeta? Deus sabe, mas Elias tem de aprender. Sua nova resposta (1Rs 19,14) é a mesma de antes (1Rs 19,10): "consome-me o zelo por Iahweh...!". Mas é evidente que o tom resulta distinto. Elias responde de memória, dizendo a única coisa que sabe e colocando seu mesmo zelo antigo (equivocado) nas mãos do novo Deus que se lhe mostra como brisa na montanha. É claro que esse Deus acolhe sua palavra de escusa, para mudá-la por dentro e confiar-lhe, em nova vocação, sua autêntica tarefa:

> Vai, retoma teu caminho na direção do deserto de Damasco. Irás ungir Hazael como rei de Aram. Ungirás Jeú, filho de Namsi, como rei de Israel, e ungirás Eliseu... como profeta em teu lugar... mas pouparei em Israel sete mil homens, todos os joelhos que não se dobraram diante de Baal e todas as bocas que não o beijaram (1Rs 19,15-18).

Aprender significa voltar a começar. O profeta cansado subiu para queixar-se e morrer. Deus aceita sua queixa e o coloca outra vez no caminho, confiando-lhe sua tarefa. O anterior fica superado: Elias não sabia quem é Deus, por isso tem de aprender. Pois bem, uma vez que mudou, descobre que também o anterior tinha coisas boas: mais de 7 mil mantiveram-se fiéis, apesar da aparência. Por isso, o que é preciso não é morrer, mas começar de novo, colocando-se a caminho. Elias não protesta. Criativo de forma submissa, em meio a sua velhice, retoma os quarenta dias de deserto. Havia sido profeta de fogo; havia entendido a liberdade de Deus como furacão e terremoto. Agora será profeta da brisa suave. Teve de subir à montanha a fim de descobrir-se; para além do desalento, para além dos fracassos anteriores, Elias reencontra sua vocação, começa de novo.

As palavras desta *nova vocação* nos levam outra vez ao princípio da história israelita: *vai, volta, retoma teu caminho*... Aqui ressoa o chamado de Abraão em Gn 12,1: *lek*, vai. Aqui se reassume a missão de Moisés que voltará ao Egito, para libertar o povo cativo, iniciando assim a nova e verdadeira história da redenção.

Nos dois últimos casos (Moisés e Elias) existe uma vocação primeira equivocada ou, pelo menos, limitada, envolta em sinais de violência. O deserto aparece em certo sentido como lugar de fuga e espaço de nova vocação. A fuga estava acentuada já em Moisés: escapa do Egito depois de um primeiro fracasso, depois de matar a um opressor. A fuga é muito mais intensa e dramática em Elias: vem para morrer, depois de realizar por longo tempo seu ofício de profeta.

A nova vocação implica, em ambos os casos, um encontro mais profundo com Deus. Para *Moisés* é primordial a visão de Deus como Iahweh: se faz presente de forma salvadora em meio ao seu povo. *Elias* supera já seu esquema de violência anterior e descobre a Deus como brisa suave, muito mais poderosa e criadora que as forças precedentes de terror e destruições. Novo encontro com Deus, nova teofania: este é o princípio e sentido da vocação para um profeta. Somente quem encontra a Deus de uma maneira mais intensa, somente quem consegue dialogar com ele de forma nova poderá aceitar seu chamado e receber seu novo encargo em nossa história.

Dentro das semelhanças, encontramos uma forte diferença estrutural nos relatos. *Moisés* não busca diretamente a Deus na montanha: está ali cuidando de ovelhas, com a vida ao que parece solucionada, como um jovem com todo o caminho pela frente. Deus lhe sai ao encontro de surpresa, confiando-lhe uma tarefa. Por isso, as dificuldades de Moisés (até sete) vêm depois que Deus lhe fale e lhe confie essa tarefa. Elias, por outro lado, vem à montanha ao cair da tarde para discutir com Deus sobre os temas já bem conhecidos: romperam a aliança, destruíram os altares, mataram os profetas. Somente a nova revelação de Deus que lhe fala na voz da brisa suave e forte dissipa essas dificuldades, resolve seus problemas. Por isso, uma vez que Deus lhe fala, oferecendo-lhe nova vocação-tarefa, já não pode colocar mais objeções: desce da montanha e se dispõe a realizar o novo encargo.

Esta é a *vocação da décima primeira hora* (cf. Mt 20,1-16). Mas Deus não veio chamar uns obreiros que se encontram ociosos na praça, depois de terem passado todo o dia à sombra por falta de trabalho. Deus contrata um bom obreiro que estava brigando todo o tempo na dura tarefa da profecia. Chama-o à montanha de sua revelação para lhe mostrar o outro lado das coisas, confiando-lhe uma obra diferente. Poderíamos chamar Elias de um *profeta reconvertido*.

Diz-se às vezes ser mais fácil *semear em campo virgem* (em lugar onde antes não havia cultivo) que *semear sobre o semeado*. Pois bem, no caso de Elias Deus quis semear sobre o já semeado: quer mudar e recriar seu profeta, reconvertê-lo para uma ação muito diferente. Assim o chama *em vocação tardia*, como quis chamar Nicodemos, dizendo ser necessário "nascer de novo" (cf. Jo 3,1-21).

Eis o chamado: um *novo nascimento*. A palavra do Deus da brisa (Deus do Espírito Santo) engendrou Elias uma outra vez, na montanha de sua revelação. Em um momento determinado de sua vida, todos os autênticos profetas, cansados de muito trabalho (cf. Jo 21,1-13), têm de escutar de novo a palavra de

Deus, dispondo-se a lançar as redes da profecia pelo outro lado, de outra forma. Assim foi Elias, profeta reconvertido, homem recriado pela nova vocação que Deus lhe oferece.

A história de Elias se encontra muito próxima a outras histórias da Bíblia. Podemos recordar a cena da Páscoa. Os discípulos de *Emaús* fogem (Lc 24,13-35); não vão à montanha pedir contas a Deus; voltam a seu povoado, desiludidos por conta do grande fracasso de Jesus. Queriam a renovação de Israel em vento, fogo e terremoto. Mas Jesus morreu e tudo terminou. Com eles parece que escapamos também nós, da mesma forma que em outros tempos escapava Elias. Este é o problema fundamental de nossa vocação, como supõe o documento de *Santo Domingo*, do CELAM (1992).

Este é o tema: reencontrar nossa vocação. Nós a havíamos enredado, como Elias, em caminhos de esperança ilusória, em atuações de fogo e furacão, em projetos de transformação externa. No fundo havíamos deixado demasiado no esquecimento a "brisa suave de Deus": empenhados em nossas tarefas fugimos incapazes de senti-la e acolhê-la.

O que fazer? Voltar à pura interioridade? Desprendermo--nos das coisas e problemas deste mundo? De forma alguma! A palavra de Deus para o profeta é taxativa: Desce da montanha! Não subiu ali para refugiar-se do turbilhão e do medo, mas para encontrar e receber a força nova. O que se instala na montanha de Elias, contemplando sem mais, nunca pôde ser contemplativo. Há que subir, chegando até ao princípio da própria vocação, ao Horeb, no encontro com Jesus, o Cristo. Mas logo escutamos novamente a voz do grande mandamento: retoma teu caminho! Vai aos centros radicais da vida: Damasco, Samaria, as grandes capitais onde o homem está cativo. Ali terás de proclamar a ordem nova que se expressa na mudança dos reis, ou seja, na mudança dos homens.

É como se dissesse: havias empregado um modo falso para mudar as coisas! Volta à origem e, apoiado de verdade nesse Deus que é brisa suave e criadora (Espírito Santo), terás força para enfrentar os grandes problemas da injustiça social e da perversão humana. Toda volta ao campo da pura intimidade seria inútil: a brisa de Deus sairá ao seu encontro na montanha e te levará ao centro das praças da terra.

Mais ainda, Elias sobe sozinho ao monte. Por isso se queixa a Deus dizendo: Não deixaram ninguém! Já não existem vocações de profetas! Sobe só e Deus o manda descer acompanhado. Não tem ainda quem o siga, mas sabe que a voz de Deus vai suscitar-lhe companheiros. Tem uma experiência nova e uma mensagem de vida; por isso está seguro de que virão outros, responderão, e continuarão seu caminho. Logicamente, quando desce, transmite sua palavra a Eliseu, ungindo-o profeta. É como se dissesse: A linha de continuidade há de manter-se! Seguirá havendo profetas no mundo.

Esta é a história de Elias, libertador cansado, profeta reconvertido. Lida em nosso contexto social e religioso adquire matizes, perspectivas mais profundas. É palavra para nossa geração. Não necessita de muitos comentários.

2. Jonas, o profeta que quer negar sua vocação

A Bíblia hebraica recolheu, no centro de sua coleção de *profetas menores* (que vão de Oseias a Malaquias), um livreto de caráter profético especial que leva o nome de seu protagonista, *Jonas*. Estritamente falando não é um livro de profecia, mas uma novela ou *narração exemplar* que recolhe, no período final da história literária da Bíblia hebraica (séc. IV-III a.C.), a problemática mais profunda da vocação israelita.

No centro da história se encontra Nínive, cidade imperial que simboliza a força opressora dos homens que uma e outra vez perseguem o povo israelita. De um e outro lado, mantendo um diálogo forte e conflitivo, encontramos Deus e seu profeta israelita.

Deus parece preocupado: os problemas de Nínive, cidade que simboliza o conjunto dos povos da terra, chegam até suas entranhas e num gesto que de início não sabemos se é irado ou compassivo chama seu profeta: convoca Jonas para que vá a Nínive e proclame ali uma mensagem de arrependimento (1,1-2). Logo descobrimos que o problema de Deus não é a cidade (o amplo mundo dos homens); o problema é Jonas, o profeta de Israel que pretende ocultar o chamado de Deus e escapa.

O profeta se torna assim o problema principal para o autor sagrado. Recebeu uma vocação como enviado de Deus. Não se trata de uma vocação em geral, como chamado à conversão interior ou busca de purificação pessoal. Jonas, representante de todos os profetas de Israel, sabe que Deus o chama para estender sua mensagem aos povos da terra; sabe que essa tarefa de Deus é arriscada e, ao que parece, pouco agradável. Prefere negar sua vocação, esquecer o mandato de Deus e refugiar-se numa terra onde posa encontrar-se e viver (ou morrer) tranquilo, sem mais ocupação que sua existência normal como outros povos e pessoas da terra.

Temos já confrontados os dois protagonistas humanos da história: *Jonas*, profeta israelita, e *Nínive*, cidade dos gentios. De Jonas sabemos algo: a tradição bíblica o recorda, situando-o nos dias de Jeroboão II (782-753 a.C.): foi um funcionário da corte e defendia, contra Amós e Oseias, o poder israelita (cf. 2Rs 14,25). Agora, nos novos tempos refletidos em nossa história, Jonas se mostra como sinal do conjunto de seu povo:

representa Israel, que há de escutar a voz de Deus e realizar sua missão entre os homens; representa os novos sacerdotes e escribas que devem expressar o juízo de Deus em tempos duros como estes (em torno de 300 a.C.).

Nínive é cidade lendária de riqueza e violência. Foi capital do grande Império Assírio, responsável pela ruína de Israel, dominadora universal. Por isso indica a força deste mundo, os poderes da terra que parecem fatídicos e horrendos. Ali Jonas há de se apresentar, anunciando uma palavra de ameaça. Estas são nossas duas personagens. A boa há de ser *Jonas*, profeta israelita, mensageiro de Deus. A má será *Nínive*, a cidade corrompida da terra. Deus quer que Jonas, seu profeta, vá a Nínive. Por isso o chama.

De maneira convencional, seguindo a tradição que vimos refletida nos textos anteriores, nosso relato começa como um chamado vocacional: *levanta-te*, *vai* (*qum*, *lek*). Supõe-se que o profeta estava sentado e quieto, estabelecido e seguro em sua própria casa. Através de seu chamado Deus o coloca em pé (*qum*) e o envia através de um caminho (*lek*). Como novo Abraão, dirigido ao mundo das gentes, Jonas deve realizar sua tarefa de profeta. Mas vejamos o texto:

> A palavra de Iahweh foi dirigida a Jonas, filho de Amati:
> – Levanta-te, vai a Nínive, a grande cidade, e anuncia contra ela que a sua maldade chegou até mim (1,1-2).

Esta é a tarefa de Israel, povo de profetas: obedecer à palavra de Deus, anunciar na terra sua justiça. Como vigia ou mensageiro de Deus há de se portar todo bom israelita em meio às gentes. Assim o sabe Tobias que, naqueles mesmos anos, bendiz a Deus estando no desterro e "publica sua força e sua grandeza à nação dos pecadores" (Tb 13,7). Mas Jonas é tomado de medo. Horroriza-o a missão de Deus e quer apagar até a recordação de seu encargo:

> E Jonas levantou-se para fugir para Társis, para longe da face de Iahweh. Ele desceu a Jope e encontrou um navio que ia para Társis, pagou a passagem e embarcou para ir com eles para Társis, para longe da face de Iahweh (1,3).

A contraposição não pode ser mais forte: Deus lhe diz que se levante para ir a Nínive. *Jonas*, pelo contrário, se levanta para fugir (*wayyaqam libroah*). Dessa forma inverte o mandamento e converte a vocação em princípio de fuga.

Elias escapava da terra de conflito de Israel para encontrar-se com Deus na montanha. Os discípulos de Emaús (Lc 24,13-35) fugiam por desilusão e fracasso. Jonas, pelo contrário, começa sua tarefa escapando. Veremos pela história posterior que escapa por conhecer o procedimento de Deus e não deseja compartilhá-lo. Mas vamos pouco a pouco. Sigamos a lógica do relato.

Parece que Jonas, além de medroso, é também ingênuo. Pensa que se pode enganar a Deus, que pode abandonar sua tarefa e caminhar para afastar-se de sua voz e presença. Prefere ser como os outros, aqueles que não escutam a palavra de Iahweh nem têm de se ocupar das coisas dele. Por que esta voz? Por que este ofício? Jonas quer dispor de vida própria, apenas sua, vida de um homem que se realiza e se completa nas pequenas fadigas e esperanças cotidianas. Por isso escapa. Não pode continuar em sua terra, porque pensa que ali a palavra de Deus chama, como fogo que aquece as entranhas. Tampouco pode refugiar-se na cidade de Nínive, porque ali tudo lhe recorda sua tarefa abandonada. Para onde fugir? Aos países do poente, para além do mar, para as praias lendárias de Társis, ficar distante.

Essa fuga de Jonas reflete e atualiza um tema que podemos encontrar não só na história de Israel, mas também em toda a história vocacional: sendo formosa e criadora, *a vocação* acaba resultando por vezes uma realidade pessoal muito conflitiva. O chamado de Deus nos perturba, nos rói por dentro, nos tira a paz e nos confunde. Por isso preferimos rechaçá-la.

Quando o rechaço é total e reprimimos plenamente a vocação, a história acaba: tomamos um narcótico, esquecemos a tarefa. O problema começa *quando o rechaço não é total*, como neste relato de Jonas. Externamente falando, o livro conta uma história material convencional: Jonas chega ao porto, toma o barco, padece com a tormenta do mar, etc. Mas, num sentido mais profundo, o livro está contando a própria *disputa vocacional interna* de Jonas: lutam dentro de sua vida duas palavras, a vocação de Deus que o chama e o próprio desejo de paz e de vingança. Da luta entre essas palavras, do conflito interno de sua vocação, trata nosso livro.

A vocação apresenta-se dessa forma como *campo de conflito*, como processo de vida onde combatem dois desejos e poderes. Um é o *desejo de Deus*, interpretado como envio, pregação, perdão. Outro é o *desejo egoísta*, entendido como anseio de segurança e vingança. Estritamente falando, ambos os desejos se encontram dentro de Jonas, mas um parece inspirado por Deus e outro brota de seu próprio egoísmo.

A palavra de Deus suscita dessa forma uma tensão no próprio crente, ou seja, dentro do homem que a escuta. Deus nos chama e, ao fazê-lo, suscita dentro de nós um tipo de contradição. Por isso o *processo vocacional* tende a descobrir o chamado de Deus através de uma busca interior. O que efetivamente quero de verdade, partindo do caminho da história do meu povo, seguindo aquilo que Deus me manifesta em seu caminho de revelação?

Desse *processo vocacional* como processo conflituoso, nosso livreto vai tratando com grande profundidade e humor. Poucas vezes se escreveram palavras mais formosas. Poucas vezes foram feitas análises mais fortes sobre isso que podemos chamar conflito de identidade. Porque é evidente que há "dois Jonas" e os dois se vão mostrando ao longo da história.

Mas voltemos ao texto e coloquemo-nos no lugar do profeta a quem Deus quis confiar uma tarefa difícil no mundo. Por que devo ocupar-me dos outros? Por que devo arriscar-me e tratar de temas alheios? A missão me compromete, introduz-me no domínio dos povos, converte-me num homem desarmado, submetido ao domínio das gentes. Por isso, antes que arriscar-me, abandono a tarefa e, longe do Senhor, ocupo-me do que me importa. No entanto, o texto prossegue: das mãos de Deus ninguém escapa:

> Mas Iahweh lançou sobre o mar um vento violento, e houve no mar uma grande tempestade, e o navio estava a ponto de naufragar (1,4).

A partir daqui, a história muda de rumo. Utilizando um antigo e misterioso método de discernimento, os marinheiros descobrem que o profeta é culpado pela fúria do mar e pela tormenta. Quer escapar das mãos de Deus e nas mãos desse Deus o lançam, ao mar onde o traga o seio ou sepulcro maternal de uma baleia. Tem de morrer, descobrindo sua impotência, para assim nascer de novo. A partir dessa morte, ritual e cósmica, o profeta experimenta a radicalidade salvadora de Deus; por isso, em absoluto desamparo, o invoca. Este é o Salmo e a oração do que se sente morrer, rejeitando sua vocação:

> Lançaste-me nas profundezas, nos seios dos mares, e a torrente me cercou, todas as tuas ondas e as tuas vagas passaram sobre mim... as águas me envolveram até o pescoço, o abismo cercou-me,

e a alga enrolou-se em volta da minha cabeça. Eu desci até as raízes das montanhas, à terra cujos ferrolhos estavam atrás de mim para sempre. Mas tu fizeste subir da fossa a minha vida (2,4-7).

No fundo desse mar onde Jonas caiu, querendo rejeitar sua vocação, Deus se encontra: ali torna a acolhê-lo, ali o embala e recria, a fim de que possa nascer como homem novo. Esta experiência de perdão e criação mais profunda no meio da morte, este encontro mais profundo com Deus no caminho da fuga, marca todo o processo de Israel, seu novo êxodo,* sua volta para a terra. Também Jonas, profeta confirmado em sua missão no ventre da baleia, recebe outra vez a palavra de Deus e deve obedecer pondo-se a caminho.

Estamos diante disso que poderíamos chamar *vocação segunda*. Deus já não chama Jonas em sua casa tranquila, colocando-o no caminho da missão profética. Chama-o do próprio ventre de sua angústia. Quis escapar de si mesmo e não pôde. Quis calar sua voz interna, mas foi incapaz de consegui-lo. Da tormenta do barco, do seio do mar Deus continua a chamá-lo. Passam a seu lado milhões e milhões de pessoas, mas não descobrem nada. Parecem tranquilas, centradas nas coisas. Só Jonas, profeta perseguido pela voz de Deus, sente ser chamado.

Esta é a *luta da vocação*, uma experiência que pode parecer muito dura e, no entanto é, ao final, consoladora, melhor dizendo, criadora. Só quem faz o caminho de Jonas conhece de verdade a voz de Deus vinda do fundo do próprio medo, do interior da angústia mais profunda. Deus não chama só à luz do claro dia, em voz nítida, indubitável. Chama também na

---

* N.T.: o original traz "exílio", o que não parece fazer sentido. Êxodo, pelo contrário, parece adequado ao contexto.

dualidade do próprio interior, no meio da angústia do caminho. Chama os que parecem querer fugir e já compraram o último bilhete de um barco que os leva o mais longe possível. Chama os que vivem no fundo de sua própria angústia, fechados no mar e ventre de sua própria insegurança.

Nem todos são Jonas, evidentemente. Nem todos percorremos seu caminho de evasão, medo e segundo chamado. Mas é bem possível que muitos sigamos (ou sigam) seus passos de algum modo. Processo de esclarecimento interior e decisão pessoal é o caminho da vocação. Será normal que muitos se sintam refletidos nesta experiência: Deus os busca (busca deles sua mais profunda verdade) nos meandros de seu próprio medo, nos caminhos de sua evasão.

É aqui que podemos afirmar que *a vocação é a pessoa*. Não há tipos de vocação, mas tipos de pessoas: itinerários de busca e descoberta de Deus. Dialogando com esse Deus que chama, Jonas está escutando a mais profunda verdade de si mesmo, aquilo que quisera ser, seu autêntico eu. Pois bem, esse "eu" verdadeiro e mais forte emerge agora de dentro do ventre do peixe onde tudo parecia terminar. O que era experiência de morte e risco de pura destruição (mentira interior, plena loucura) converteu-se, pela luz da graça interior, pela voz de Deus, em campo de novo nascimento:

> Então Iahweh falou ao peixe, e este vomitou Jonas sobre a terra firme.
> A palavra de Iahweh foi dirigida a Jonas pela segunda vez:
> – Levanta-te, vai a Nínive, a grande cidade, e anuncia-lhe a mensagem que eu te disser.
> Jonas levantou-se e foi a Nínive, conforme a palavra de Iahweh. Nínive era uma cidade muito grande, de três dias de marcha. Jonas entrou na cidade e a percorreu durante um dia. Pregou então, dizendo:
> – Ainda quarenta dias, e Nínive será destruída (2,11–3,4).

Jonas obedece (escuta a voz de Deus), põe-se de pé, assume seu caminho e chega a Nínive. Poderia parecer que já está "convertido": dialogou com Deus das entranhas da baleia e se deixou transformar por sua palavra criadora. Assim, a vocação é o novo nascimento.

Pois bem, não houve efetivamente um novo nascimento. O Jonas que chega a Nínive, depois de passar pelo ventre do mar e de sua angústia, continua sendo o mesmo profeta anterior, pronto para a evasão e vingativo. Por isso "interpreta" à sua maneira a palavra de Deus e fala de ruína ali onde Deus lhe havia dito que pedisse conversão. Deus o mudou, mas ele é incapaz de pensar que os outros (os habitantes do mundo) possam mudar e converter-se.

Dessa forma o próprio Jonas, que experimentou o caminho de Deus em sua vida, apresenta sua mensagem como pura ameaça, sem abrir espaço à mudança. Não se limita a repetir o que Deus lhe disse (a maldade de Nínive chegou até as alturas), mas interpreta essa palavra e a converte em ameaça: "Ainda quarenta dias, e Nínive será destruída" (3,4). Assim transforma o chamado ao juízo (para que os homens se convertam) em anúncio de pura destruição. É como se dissesse aos demais: Deus está comigo, e afasta seu rosto de vós! Logo o profeta se esqueceu de sua velha infidelidade, do caminho de sua fuga. Mas se esqueceu da tolerância e paciência do Deus que quis sair-lhe ao encontro. Por isso não entende nem aceita o gesto de conversão dos ninivitas:

> Os homens de Nínive creram em Deus, convocaram um jejum e vestiram-se de panos de saco, desde o maior até o menor... e Deus viu as suas obras: que eles se converteram de seu caminho perverso e Deus arrependeu-se do mal que ameaçara fazer-lhes e não fez (3,5-10).

Misteriosamente, o autor de nosso livro apresentou a mudança radical da cidade. O que era lugar de opressão e mentira se converte em espaço de presença de Deus. Precisamente aqueles que eram mais pecadores, os que haviam rompido e quebrado a justiça deste mundo, se apressam a mostrar-se perante Deus como culpados. Não pretendem justificar-se; carecem de razões para defender sua conduta. Examinam-se por dentro e descobrem sua culpa; assim quebrados e arrependidos, se inclinam na cinza e pedem a Deus que os perdoem.

Esta narração não pretende descrever um fato isolado (uma possível conversão de Nínive, cidade). Ela apresenta uma certeza misteriosa, que está latente em muitos lugares do Antigo Testamento e que logo culmina num momento central do Evangelho: muitos virão do Oriente e Ocidente para herdar o reino com Abraão e os patriarcas (cf. Mt 8,11); virão os ninivitas (Mt 12,41), com aqueles homens e mulheres que nós julgávamos perdidos diante do juízo (cf. Mt 11,20-24). Da grande misericórdia de Deus que oferece salvação a todos, da conversão dos pagãos em sentido universal e sempre possível trata nosso texto.

Isto é o que Jonas, profeta medroso, transformado a partir do próprio fundo de sua angústia evasiva, não pode suportar. Vai até Nínive com medo e do fundo de seu próprio medo quer impor sua autoridade sobre os demais. Na realidade, Jonas ainda não se converteu: crê em sua vocação egoísta, porém *não crê em Deus*. Por outro lado, os gentios se convertem. Por isso, Jonas, judeu que se crê justo, não suporta que Deus perdoe os gentios convertidos.

Isso trouxe a Jonas um grande desgosto e ele ficou irado. Orou então a Iahweh dizendo:

– Ah! Iahweh, não era exatamente isso que eu dizia quando eu estava ainda em minha terra? Por isso fugi apressadamente para Társis; pois eu sabia que tu és "um Deus de piedade e de ternura, lento para a ira e rico em amor" e que se arrepende do mal. Mas agora, Iahweh, toma, eu te peço, a minha vida, pois é melhor para mim a morte do que a vida (4,1-3).

A atitude de Jonas apresenta certa lógica: Se Deus dá a todos seu perdão, que vantagem tem ser israelita? Não é melhor morrer que partilhar a graça e a existência com os outros? Para que serve ter uma vocação especial, para que servem os caminhos da profecia se Deus se apieda logo dos pérfidos assírios ou caldeus? Jonas se sacrifica, deixa tudo, sofre em meio a sua angústia, chega a Nínive e prega... E tudo isso, para que lhe serve? No fim se salvam de igual forma aqueles que não fizeram nada para salvar-se, os arrependidos da última hora!

Estamos diante daquilo que podemos chamar *soberba da vocação*. Nós, os que fomos chamados para realizar tarefas especiais, como Jonas, teríamos que desfrutar de alguma vantagem, não podemos ser como os outros. Pois bem, o texto quebra esta vantagem. Deus ama aos ninivitas! De que me vale ser profeta? De que me serve uma vocação especial? Esta é a pergunta que se encontra no fundo do relato.

Mesclam-se dessa forma a *bondade de Deus*, que acolhe os ninivitas pecadores, e a *inveja do profeta*, que quer ser diferente, e apoiar-se em sua própria razão. Quer ser profeta para sobressair e se impor sobre os outros. Necessita de sua vocação (antes evitada) como forma de se distinguir dos outros. Esquece que os grandes chamados de Israel (Abraão e Moisés, Isaías e Jeremias) tiveram de realizar uma função de serviço para os demais. Por isso protesta.

Jonas, sentado no lugar do nascer do sol, no Oriente, espera a ruína da cidade. Deseja-a e dela necessita. Sua vida de profeta medroso somente tem sentido se os outros morrem castigados pelo fogo da ira de Deus. Porém, Deus se comporta de maneira diferente: perdoa Nínive e descobre que o profeta se encontra mais enfermo que a velha cidade dos pecados. *Nínive* escuta a voz de conversão: são muitos os que querem começar, estão ansiosos por viver e comportar-se como humanos. Jonas, em compensação, segue cheio de autossegurança, envolto em seu complexo de justiça. Por isso, Deus há de parar de ensinar-lhe sua lição; oferece-lhe sombra, tira-lhe a sombra e quando o profeta, sob o sol implacável, se enfurece porque a árvore que lhe dava resguardo se secou, lhe responde:

> Tu tens pena da mamoneira, que não te custou trabalho e que não fizeste crescer, que em uma noite existiu e em uma noite pereceu. E eu não terei pena de Nínive, a grande cidade, onde há mais de cento e vinte mil seres humanos, que não distinguem entre direita e esquerda, assim como muitos animais? (4,10-11)

Com esta admoestação termina o livro. Não se sabe o que ocorrerá depois. Aceitará Jonas a reprimenda de seu Deus e manterá seu coração aberto aos novos convertidos? Ou se fechará em sua própria visão de suficiência, condenado de sol e amargura, precisamente ali, às portas da cidade que renasceu? O livro não responde, ou melhor, deixa a resposta nas mãos dos próprios leitores.

Somos nós que temos de responder, situados pela história de Jonas no centro mesmo do chamado profético. *Deus chamou Elias* de novo, convidando-o a retomar seu caminho; e Elias respondeu, segundo o texto de uma forma criativa e obediente, pondo-se a serviço da verdadeira salvação de Deus para os homens. *Deus quis chamar Jonas pela terceira vez*, pedindo que aceitasse e celebrasse o perdão dos ninivitas, mas não sabemos da resposta de Jonas.

Nós nos encontramos na mesma situação, no momento primeiro (antes de sair de casa), segundo (no ventre da angústia) ou terceiro (consumidos pela frustração) de seu caminho. O chamado ou vocação de Deus é o maior de todos os dons que temos (que recebemos). Porém, poderia suceder que esse dom se convertesse para nós em motivo maior de pecado.

Ao chegar aqui descobrimos que este livro, que começamos chamando "novela", é uma espécie de parábola evangélica. Em todo o AT não encontramos nada que nos coloque mais perto de Jesus: Jonas representa o povo de Israel, os escribas e fariseus que, seguros de sua própria justiça, rejeitam a conversão de publicanos e pecadores; pelo contrário, os ninivitas arrependidos são reflexo de todos os membros da cidade perversa deste mundo que acolhem Jesus, arrependem-se e o escutam.

Guardadas as proporções, eu diria que Jesus elaborou seu grande texto de Lc 15,11-32, a parábola dos dois irmãos (filho pródigo) como um comentário e releitura deste livro. Jonas é o irmão mais velho que rejeita a conversão e a volta do filho pecador; pródigo, ao contrário, são os ninivitas. Deus se alegra então como agora pela conversão de Nínive, pela volta do pequeno. Por isso chama à festa. Alegrar-se-á o irmão mais velho da parábola, aceitando seu irmão convertido? O Evangelho não responde. Converter-se-á Jonas? Seu livro tampouco o diz. Por isso, estes dois textos geniais de Israel e Cristo nos deixam diante do enigma. Existe um perdão para os povos da terra, a graça se estende mesmo à cidade perversa; Deus se aproxima e oferece sua presença. É mais difícil a conversão daqueles que se denominam justos, a transformação dos profetas.

Cidade, profeta e Deus. Tal era o tema de Jonas. Tal é nosso tema. Deus oferece ainda seu chamado aos profetas, para enviá-los à grande cidade do mundo. Deus necessita deles e os ama; por isso lhes exige mais; sai-lhes ao encontro no mar, se fogem, convida-os à conversão se estão pretendendo fechar-se em seu egoísmo classista e em seu desejo de vingança.

Os profetas continuam sendo importantes. Por isso seu chamado ou vocação é tema-chave da história salvadora. Nós, cristãos, sabemos que o autêntico Jonas é Cristo. Deus o chamou e ele respondeu, sem nunca querer escapar. Proclamou o Reino de Deus e se alegrou com a conversão dos pecadores. Por isso o mataram os representantes da profecia egoísta deste mundo; mas Deus o chamou do fundo da morte (o ventre da grande baleia destruidora) para fazê-lo assim messias, salvador de todos os perdidos. Em sua vocação messiânica fomos chamados à graça de Deus e ao messianismo.

3. Apêndice

3.1. Sugestão de leituras

Jonas: o livro inteiro

1Rs 17–19.21 e 2Rs 1-2: o ciclo de Elias

2Rs 2–13: ciclo de Eliseu, relacionado com o de Elias.

Ester: oferece um contraponto nacionalista, ante o universalismo de Jonas.

3.2. Textos ilustrativos

Estas visões não são da vida presente, a não ser em caso muito raro e de modo transitório; nestas circunstâncias especiais, Deus dispensa ou salva a condição desta vida mortal, abstraindo totalmente o espírito, e pela sua divina graça suprindo as forças naturais que a alma então deixa de dar ao corpo. Assim é que S. Paulo deve ter visto... Mas não sabe declarar se a alma estava no corpo ou não (2Cor 12,2): prova evidente de que não ultrapassou os limites da vida natural, por uma operação divina. Quando Deus, segundo cremos, quis revelar sua essência a Moisés, disse-lhe que o meteria na entrada da caverna, amparando-o e cobrindo-o com sua destra, a fim de que não morresse quando passasse a glória divina... (Ex 33,22). Mas estas visões tão substanciais, como as de S. Paulo, Moisés e nosso pai Elias (quando este cobriu o rosto, à suave brisa em que Deus se manifestava), mesmo sendo transitórias, raramente acontecem, ou melhor dizendo, quase nunca, e a bem poucos. Porque Deus as concede aos que são muito fortes do espírito da Igreja e de sua Lei, como o foram os três grandes santos mencionados (São João da Cruz. *Subida do Monte Carmelo* II,24,3).

– Eu não sou ninguém:
um homem com um grito de estopa na garganta
e uma gota de asfalto na retina.
Eu não sou ninguém: deixai-me dormir!
Mas às vezes ouço um vento de tormenta que me grita:
"Levanta-te, vai a Nínive, cidade grande, e prega contra ela".
Não levo em conta, fujo pelo mar e me escondo no rincão mais obscuro do navio
até que o vento persistente que me segue,
volta a gritar-me outra vez:
– Que fazes aí, dorminhoco? Levanta-te!
– Eu não sou ninguém: um cego que não sabe cantar. Deixai-me dormir!...

Mas um dia me lançaram no abismo,
as águas amargas me rodearam até a alma,
a alga se enredou em minha cabeça,
cheguei até às raízes dos montes,
a terra expôs sobre mim suas fechaduras para sempre...
(Para sempre?)
Quero dizer que estive no inferno...
Dali trago agora minha palavra.
E não canto a destruição:
apoio minha lira no cume mais alto deste símbolo...
Eu sou Jonas.

(León Felipe. "Tal vez me llame Jonas". In: *Antología rota*. Buenos Aires, *Losada*, 1977, p. 175).

3.3. Perguntas orientadoras

1. Em que contexto histórico Elias se situa?
2. Quais são os acontecimentos fundamentais de sua história?
3. Por que ele volta à montanha de Deus?
4. Quais os elementos fundamentais da teodiceia falida de Elias?
5. Por que falamos de uma nova vocação de Elias?
6. Que elementos tem esta vocação? Situar num conjunto: cansaço de Elias, retorno a Deus, nova teofania, missão...
7. Comparar a nova vocação de Elias com as de Moisés, Isaías e Jeremias.
8. Em que contexto se situa a história de Jonas?
9. Por que dizemos que Jonas é relato exemplar mais que história de fatos passados?
10. O que Jonas representa?
11. Há fracasso vocacional em Jonas?

12. Quando se pode dizer que culminou a vocação?

13. Apresentar os momentos fundamentais da vocação de Jonas: chamado, fuga, crise, nova vocação, nova crise...

14. Comparar a vocação de Jonas com a de Moisés e Elias.

15. Como o Novo Testamento interpretou a figura de Jonas?

Vocação de Cristo
Vocações cristãs
A vida religiosa

Estas páginas oferecem um simples esboço conclusivo: tratei da vocação em geral (prólogo); fixei-me logo em alguns casos mais salientes do Antigo Testamento (Abraão, Moisés, Isaías, Jeremias, Elias e Jonas); só agora posso retomar o já dito e ampliá-lo (ou aplicá-lo) na perspectiva do Novo Testamento, destacando assim a novidade de Cristo, do caminho da Igreja e de uma forma especial do chamado mais concreto da vida religiosa.

Vendo o tema em seu conjunto, podem-se distinguir duas perspectivas. Uma geral: Deus chama todo o povo, de tal forma que a vocação estritamente dita pertence ao grupo antes que possa concretizar-se nos diversos indivíduos. Mas há uma perspectiva *especial*. Própria de pessoas que cultivam de maneira mais intensa ou peculiar aquela vocação de todo o povo, aparecendo como porta-vozes ou representantes do conjunto. É o que nosso esquema mostra:

a) *Todo o povo* está chamado ou escolhido por Deus para viver o que a experiência religiosa supõe. Eleição e aliança pertencem, portanto, à nação israelita. Nela hão de se incluir os momentos seguintes:

1) *Separação*: o povo há de sair do lugar onde se encontra, da terra da Caldeia (Abraão) ou Egito (Moisés) para

percorrer seu caminho e encontrar sua identidade. Sem esse momento de ruptura não existe vocação.

2) *Concentração*: ao voltar-se para si mesmo, a partir de seu Deus, o povo desenvolve novas possibilidades religiosas, realiza-se como nação santa. Sem esta identidade interior tampouco existe vocação.

3) *Envio*: Israel foi escolhido para desenvolver sua atuação em favor dos demais, como enviado de Deus para as nações da terra. A vocação se converte assim em missão.

b) *Alguns israelitas especiais* recebem dentro do povo uma missão peculiar de Deus que os chama para uma tarefa particular a serviço do conjunto. Neste chamado aparecem os três momentos assinalados de separação, concentração e envio.

1) Há uma vocação *institucionalizada* sacralmente que se transmite de pais a filhos (sacerdócio, levitismo). Nesta linha pode encontrar-se o rei que, com os sacerdotes/ levitas, forma a hierarquia sagrada do povo.

2) Há uma vocação *livre*, que vem dada por uma espécie de chamado característico, sem instituição (os grandes profetas). Já vimos sua função, que pode ser interpretada como um "milagre" criador (fundador) do povo israelita.

3) Há, finalmente, vocações *mistas*, onde se mesclam o institucional e o carismático, como em certos grupos de profetas antigos do grupo de Eliseu e também nos rabinos do tempo de Jesus que estudam por vocação a Palavra de Deus e recebem então (ou um pouco mais tarde) uma espécie de sanção oficial que os torna mestres da lei israelita.

Todas essas vocações se expressam e culminam no *chamado de Jesus*, a quem nós, fiéis cristãos, confessamos como eleito de Deus, Cristo, ou Messias. Deus falou em outro tempo "a nossos pais", através dos profetas, em gesto sempre repetido e limitado. A nós nos deu sua palavra por meio do Filho (Hb 1,3), expressando de uma vez e para sempre todo o seu mistério. Por isso as diversas vocações ficam condensadas e assumidas em sua vocação. Todos os chamados se concentram e culminam para sempre em seu chamado.

Estritamente falando, só existe essa *vocação* de Cristo, Filho de Deus, que realizou em forma humana o mistério de sua filiação eterna. Deus mesmo o chamou como Pai e ele respondeu como Filho a partir do profundo da história. Nessa vocação de Jesus foram assumidas *todas as nossas vocações*. Só existe um chamado e um caminho: ser com Cristo, introduzir-se em seu mistério.

A vocação de Deus expressa-se, assim, à maneira de *existência humana*. Este é o desejo de Deus, é o chamado que quis dirigir-nos por seu Cristo: que sejamos plenamente humanos, conformados ao modelo de seu Filho! Ficam de um lado as restantes vocações (de estrutura sacralizante ou de evasão espiritualizante). Deus só quis pedir-nos uma coisa: que sejamos de verdade seres humanos, cumprindo assim a vocação originária do princípio da criação (em Gn 1,27-30).

Certamente podem ser encontradas no Novo Testamento palavras de aparência mais sacralizante. Assim, Paulo nos diz: "é esta a vontade de Deus: a vossa santificação", *hagiasmos* (cf. 1Ts 4,3). Mas logo a seguir, se continuamos a ler sua mensagem com profundidade, descobrimos que essa santidade não é outra coisa senão a plenitude da existência humana, vivida em radicalidade messiânica, ou seja, conforme o modelo da encarnação do Cristo.

1. Jesus, logos de Deus ou vocação encarnada (Jo 1,1-18)

Conforme o que indicamos, o chamado de Deus se centra em Cristo a quem chamamos a Palavra (Jo 1,14). Não se limita a semear uma semente no corpo da terra (cf. Mc 4,14); *ele é a semente* que penetra em nossa vida e assim nos capacita para nos realizarmos verdadeiramente, como humanos.

Pois bem, se Deus se encarnou em Jesus muda a forma de se entender a vocação. Deus não quis convocar-nos a partir de fora, não nos chama com palavras ou gestos exteriores que nos tiram deste mundo ou nos arranquem da terra. Do próprio centro da história, como um homem entre nós, nos convoca para dessa forma nos convidar a sermos humanos:

> No princípio era a Palavra,
> e a Palavra estava com Deus
> e Deus era a Palavra...
> E a Palavra se fez carne (um ser humano)
> e habitou entre nós
> e nós vimos a sua glória,
> glória que ele tem junto ao Pai como Filho único,
> cheio de graça e de verdade (Jo 1,1.14).

Leia-se o prólogo de João (Jo 1,1-18) nas entrelinhas e veja-se por dentro o que implica a palavra como presença de Deus e plenitude humana. Já não vivemos por conta de uma imposição externa, tampouco por tipo de lei impositiva ou fatalismo: surgimos pelo chamado de Deus e também pelo chamado dos homens dentro da história. Por isso nosso ser é vocação, isto é, afeto e expressão de uma palavra.

Os antigos falaram com frequência desse *logos* ou palavra de Deus: assim aparece no princípio do Gênesis onde se diz que Deus mesmo ia criando e modelando bem todas as coisas através de sua palavra (Gn 1); também os sábios helenistas discutiram sobre o logos ou Palavra de Deus e o tomaram como sinal de uma grande ordem sagrada ou cosmológica que rege a existência dos homens; em linha semelhante se moveram, desde o século II d.c., muitos gnósticos judeus e cristãos que trataram de expressar pela palavra a profundidade misteriosa e a presença de Deus entre os homens.

Tudo isso pode ser encontrado no pano de fundo de Jo 1,1-18, mas é insuficiente. O que João quer dizer-nos é muito mais concreto, escandaloso e criativo: a palavra de Deus se identifica com o homem Jesus Cristo. Assim podemos apresentá-lo como *vocação encarnada*, diálogo concreto em que se encontram Deus e o homem.

Jesus é *logos ou palavra de Deus*, sendo ao mesmo tempo *palavra dos homens*. Por isso nasce ali onde as duas palavras se vinculam, em diálogo de novo, verdadeiro nascimento. Nessa perspectiva a mensagem de Jo 1 (o Logos encarnado) há de se interpretar a partir de Lc 1,26-38 (a palavra de Maria, mulher representante de todos os humanos).

A Palavra só pode dialogar com a palavra. O chamado de Deus (logos fundante) só pode expressar-se em nossa história onde encontra uma resposta acolhedora e também co-criadora dos homens. Por isso, ao apresentar Jesus como *Palavra de Deus*, deve-se afirmar que é ao mesmo tempo *palavra dos homens*. Deus se revela por inteiro ali onde os homens dizem toda sua palavra em Cristo.

Assim chamamos Jesus *a vocação* por ser lugar onde se encontram (chamam e respondem) a palavra de Deus e dos homens. Nesta perspectiva é necessário recriar a teologia e a piedade do Logos, assumindo e reformulando em chave atualizada os esquemas dos grandes Padres da Igreja (Orígenes e Agostinho, Gregório de Nissa e Atanásio, etc.). Para eles o Logos de Deus (palavra, vocação...) significa algo muito forte, atual, concreto. Para muitos de nós, falar do Logos de Deus partindo de Jo 1 é uma forma de perder-nos em coisas vagas ou disputas eruditas.

Para recuperar a grande mensagem daquele Logos é preciso situá-lo em perspectiva de chamado e diálogo com Deus. É o que faremos a seguir, de maneira muito simples. Partindo desse Cristo, Logos de Deus, definiremos nossa vocação como *transparência dialogal*: Deus nos chama em Cristo para que possamos dialogar com ele e realizar-nos como humanos.

Já não existem duas vocações (uma humana, outra divina), como às vezes se supôs (e pressupõe a doutrina sobre o limbo). Não existe para o homem maior chamado que aquele que Deus mesmo lhe dirige em Cristo. O próprio encontro inter-humano, vivido em sua radicalidade, é diálogo com Deus. Mas voltemos de forma mais concreta ao texto e assinalemos o que implica o fato de que Cristo seja palavra de Deus e dos homens (Logos encarnado), sendo assim a vocação central, definitiva, da história.

Ao condensar no Logos sua mais profunda cristologia, João deixou de lado outros possíveis problemas de caráter cósmico ou teológico. Não lhe interessa discutir sobre valores morais ou princípios metafísicos do mundo, porque tudo o que existe tem sua profundidade originária: *o Logos ou palavra que os homens da terra tentaram encontrar ou formular é Jesus Cristo*; essa é a palavra que Deus mesmo nos disse expressando assim o mais profundo mistério de sua vida, o Filho. Desde agora, a vocação dos homens se identifica com a vocação ou desejo de Deus: que seu Filho exista e se expresse no mundo.

João sabe que o Logos primigênio de Deus é o princípio de força e harmonia em que se apoia a existência das coisas. Sabe também que esse princípio é, ao mesmo tempo, luz salvadora que ilumina a marcha da história. Pois bem, João deu ainda um passo a mais: *o logos que está em Deus, a luz que ilumina todos que vêm ao mundo "se faz" carne* (um homem entre os homens). Dessa forma, e sem deixar sua origem divina, o Logos nasce da história.

Com isso já traçamos os três momentos do prólogo de João (Jo 1,1-18). De maneira geral, podemos afirmar que cada um deles constitui o tema das estrofes do hino mais antigo que está na base de seu texto. *O Logos está em Deus* e é força criadora (1,1-4); *o Logos se revela no cosmos* (1,5.9-12a); o *Logos é Jesus* (1,14-16). O Logos de Deus e de Jesus são como extremos dessa trama. O logos cósmico aparece como centro onde os extremos acabam por se encontrar.

Quem se sinta com dificuldade para seguir o tema pode fazer uma simples mudança de palavras; ali onde João fala do *Logos* (ou seja, da Palavra de Deus) pode buscar outra expressão e aludir ao *Amor* original ou *Graça* em que todas as coisas se sustentam. Dando um passo a mais, quem queira entender esta passagem em chave dialogal ponha *vocação* (chamado de Deus) onde o texto original põe *palavra*. Verá como se aclara e cobra nova profundidade no que diz.

Deus nos chamou em Jesus à *palavra*, ou seja, ao diálogo e realização pessoal. Nessa palavra de Deus nos assentamos: só nela podemos expressar-nos e chegar dessa maneira a ser humanos. Com esse ano de fundo há que se acrescentar: *a vocação é a maneira de existir do homem* ou ser humano (homem e mulher). O homem já não existe como coisa, objeto submisso, algo que brota de fora. O homem (ser humano) só existe e pode realizar-se em nível de vocação, ou seja, pela palavra.

Entendida assim, a vocação não é uma parte da vida, como nota entre as notas que definem a existência. Vocação é "tudo": o modo peculiar de ser humano a partir da palavra, em gesto dialogal de escuta e de resposta. Quem não assumir assim o caminho da vida (quem negar a palavra), se destrói e se nega como humano.

Mas voltemos ao texto (Jo 1,1-18). O *Logos primigênio* mostra dois aspectos principais: por um lado *pertence a Deus* (é verdade, existência original); e ao mesmo tempo, *se encontra aberto* como mistério do amor-vida que convoca e chama ao mundo. Na raiz de tudo o que existe encontramos o chamado do Logos que está em Deus (estrofe I, vv. 1-2). Isso supõe que Deus não é solitário: fala ou nos chama do interior de si mesmo. Estamos no centro do grande *paradoxo: para falar-nos*, Deus tem de ser (ter) um logos em si mesmo (imanência trinitária); mas, ao mesmo tempo, *sendo realidade dialogal*, Deus há de falar, comunicar-se.

Assim também nós podemos dizer: *porque estamos fundados na Palavra* podemos falar, ou seja, dialogar conosco mesmos, realizar-nos como vocação; mas, ao mesmo tempo, devemos acrescentar que *só sendo vocação somos humanos*, só em gesto de acolhida, escuta e de resposta pessoal nos realizamos. Dessa forma somos frágeis e grandes: ou somos vocação ou nos perdemos; realizamo-nos em gesto dialogal, descobrindo e cultivando nosso ser pela palavra de Deus (e dos outros) ou acabamos destruindo nossa vida (não chegando a ser humanos).

Para perceber a profundidade e risco desta perspectiva, podemos compará-la com aquela que está na essência das grandes religiões orientais (hinduísmo e budismo). Estritamente falando, elas não podem falar de vocação pessoal: cada ser humano é só um momento limitado (efêmero, pequeno) de uma grande cadeia de existências que se vão sucedendo no mundo (reencarnações) até chegar à liberdade final (desligar-se do ciclo de vidas terrenas). Ninguém pode realizar sua vida no tempo limitado de sua história. Não existe a pessoa.

Ao contrário, enquanto cristãos, cremos que Deus mesmo nos chama para que possamos responder-lhe e realizar-nos como humanos, ou seja, como pessoas. Se expulsamos seu chamado, se negamos nossa vocação de vida (de amor e encontro com os outros), terminamos destruindo-nos para sempre. Não nascemos como ser já terminado. De um chamado nascemos, de nossa resposta depende aquilo que seremos.

E agora voltamos outra vez ao texto. Suas palavras dizem no fundo que *Deus está ali onde quis falar-nos*. Por isso, só quem aceita seu chamado o conhece e se realiza como humano. João se move assim numa linha que procede do Antigo Testamento: Deus se tornou chamado em nossa história, sendo, no entanto, transcendente. Como estamos indicando, Deus existe onde chama para que possamos realizar-nos. Seu ser mais profundo (sendo transcendente) se explicita e revela num chamado vocacional.

Por isso, falar de Deus implica escutar sua palavra: só podemos conhecê-lo recebendo seu chamado. *Se Deus fosse um solitário, se encontraria rodeado de silêncio: ninguém poderia negar ou afirmar algo de sua essência. Mas o Evangelho sabe que Deus fala*: expande-se e comunica-se, oferecendo-nos assim a luz e a vida de sua graça. Essa expansão de Deus é o seu chamado: por isso não há Deus sem Logos (sem doação de si) nem Logos sem Deus, desligado de sua origem, ou seja, daquele que fala (que nos fala).

Se esse Logos de Deus é seu chamado (comunicação de seu mistério), é evidente que João há de acrescentar: "Tudo foi feito por meio dele" (1,3). Assim entramos no tema de nosso surgimento: sem chamado de Deus não haveria surgido nada; se Deus não fosse doação não poderia ter suscitado coisa alguma. Sabe o Evangelho que Deus se expande e chama. Só dessa forma, em gesto pessoal de entrega e chamado, suscitou tudo o que existe. Não só nós, os humanos, vivemos por vocação, o céu e a terra resultam de uma incitação pessoal, resposta a uma palavra de chamado.

Agora podemos dar mais um passo, descobrindo no fundo da *criação* (surgimento do mundo) um mistério de *revelação* pessoal de Deus. Cada uma das coisas nasce porque o próprio Deus decidiu chamá-las com sua voz à existência, para assim dialogar com elas. Não há primeiro mundo material (pura criação inconsciente) e depois um chamado de Deus, mas o contrário: por chamado pessoal de Deus ou vocação surgiu tudo o que existe.

Fora deste espaço dialogal (de chamado criador e de resposta humana) é impossível falar de Deus, não há religião nem teologia. Todos os que querem ter *provas de Deus* ou conhecê-lo fora deste caminho dialogal confundem o caminho, enganando a si mesmos. É como se alguém pretendesse conhecer uma pessoa sem falar ou dialogar com ela. Só na palavra se conhece o homem; só em diálogo se expressa o divino.

Conhecer a Deus implica falar com ele, na dupla perspectiva de ser *conhecido* (deixar que fale, escutar sua voz) e *conhecê-lo* (responder com minha vida). Só em diálogo vocacional (realizando-me a mim mesmo no nível da escuta e da resposta) posso conhecer a Deus e conheço a mim mesmo.

Nesse aspecto, o caminho vocacional é um *reconhecimento*: descubro o que Deus me oferece ao dirigir-me sua palavra, enriquecendo-me com ela. Conheço a Deus ao descobri-lo como aquele que fala comigo; dessa forma, conheço-me também e me realizo, me defino e configuro em gesto de fidelidade pessoal e de projeto humanizante.

Conhecimento de Deus e criatividade pessoal vão implicados. Deus não se revela como o que impõe alguma coisa de fora, mas como quem chama e assim nos enriquece e capacita para responder-lhe, fazendo-nos humanos. Não respondemos a Deus em nível de conceitos, em chave de retórica pseudorreligiosa ou de ideologia filosófica; somente podemos responder-lhe com a vida feita palavra. Ir descobrindo o que somos ou, melhor dizendo, ir realizando nossa vida como resposta ao chamado de Deus em Jesus Cristo, isso é vocação cristã no nível originário.

Isso significa que no fundo *não existe criação se não se abre à revelação* pessoal da palavra e ao diálogo com Deus. Por isso, o mesmo texto afirma que o Logos é vida em que o mundo se assenta, e acrescenta: a vida é a luz que nos faz capazes de ver o que existe; desta forma entramos já na segunda estrofe (1,5-9.12a), onde se insiste mais no Logos que é luz e nos chama através da profundidade e verdade das coisas.

Não importa aqui a criação em plano objetivista, em nível de pura ciência externa. Como já sabemos, a *criação é para João um resultado do chamado de Deus em sua palavra*. Por isso se apresenta como mistério de luz (graça). A revelação ou chamado não pode ser concebida, portanto, como um plano novo que venha a somar-se (ou acrescentar-se) ao mundo que estava já criado; ela é principalmente origem e sentido mais profundo da própria criação (seu princípio interno e de consistência). Deus cria porque chama e porque quer dialogar com o criado (com os homens).

Com isto chegamos ao centro do tema: *e o Logos se fez carne*. Assim começa a última estrofe do hino (1,14-16), oferecendo seu pleno sentido aos temas precedentes. Agora sabemos que o chamado ou vocação de Deus, o *Logos*, que havíamos captado e entendido como princípio de ação e força salvadora, não é nenhuma entidade impessoal, pouco nítida e vacilante: é *Jesus Cristo, um homem*. O mesmo *Logos eterno* (Palavra original de Deus) que existia antes do tempo *se faz tempo*, encarnando-se em Jesus de Nazaré; dessa forma se humaniza a vocação de Deus entre os homens.

Tudo o que estamos afirmando se condensa e ratifica nesta frase. O chamado de Deus é muito mais que uma experiência intimista de tipo espiritual; é mais que uma busca racional da verdade. *A vocação encarnada é Jesus Cristo*: é Deus feito palavra que nos chama e nos convida a realizar-nos como humanos no centro mesmo da história. Deus nos chama assim e nós podemos responder-lhe, vivendo no caminho que esse mesmo Jesus nos traçou.

A vocação não é algo aberto somente no princípio, como iluminação ou labareda desencadeadora que logo fica atrás. A vocação é o transcurso inteiro da vida interpretada como diálogo, em chamado e em resposta sucessivos que só se completam ou culminam ao final da existência. Nessa perspectiva, os grandes relatos de vocação que traçamos (de Abraão até Jonas) devem ser entendidos a partir do arco inteiro da vida das personagens.

Certamente, há um *momento primeiro* que é muito valioso. Porém, o que importa verdadeiramente é o transcurso da vida como processo de iluminação vocacional. Por isso, somente ao fim, *quando a vida culminou*, pode-se já fixar o chamado do princípio vendo nele o ponto de partida de uma vocação que se explicita em todo o processo da vida. Isto é evidente nos relatos de Abraão (Gn 12) e de Moisés (Ex 3–4): a palavra do chamado e da resposta indica o que foi a existência inteira desses grandes "fundadores" de Israel. Os profetas (Isaías, Jeremias) nos oferecem um "primeiro momento" de ruptura; porém, o relato da vocação, que eles transmitem e que logo assumem e situam os próprios redatores dos respectivos livros, há de se ver a partir do pano de fundo de sua vida inteira. Para Elias e Jonas isto resulta anda mais preciso. A vocação do "ancião" Elias significa uma reinterpretação de todo o seu caminho, em forma criadora e positiva. De Jonas, ao contrário, não sabemos qual será, por fim, sua postura: responderá a sua vocação? Acabará por rejeitá-la? Todo caminho precedente fica assim como em suspenso e o primeiro (vocação) acaba sendo o último a fixar-se.

Vocação é, assim, todo caminho da vida humana: é o diálogo do homem consigo mesmo (partindo da palavra de Deus e dos outros), é o processo de amadurecimento pessoal que se explicita ali onde a vida é interpretada como expressão de uma resposta: chamaram-me e escuto; dessa forma, respondendo à palavra de Deus, realizo-me como humano.

Assim reinterpretamos os três momentos do prólogo de João (Jo 1,1-18). Não se pode falar aqui de três estágios sucessivos que se articulam à maneira de momentos de um processo: no princípio estaria o *logos em Deus; depois viria sua revelação* no mundo; finalmente, ocorreria a grande metamorfose: o *Logos se faz carne*. Mais que os momentos de um processo sucessivo, nosso texto reflete as distintas perspectivas de um mesmo mistério: Deus se revela! Chama-nos em Cristo! Esse chamado nos desperta para a vida pessoal e nos permite realizar-nos.

Vista em seu princípio, a raiz da vocação existe no abismo original do divino: superando os níveis de vida do mundo velho, Deus cria uma ordem nova, pascal, ao dirigir-nos sua palavra em Jesus Cristo. O Logos se faz carne! Por ser chamado de Deus, Jesus é Logos, vocação de Deus para os homens!

Desse Logos são ditas duas coisas aparentemente opostas. Afirma-se, por um lado, que *era em Deus, no princípio*: "é", não foi criado; pertence ao ser de Deus e habita em seu mistério originário. Porém, logo se assegura: *fez-se carne*. Carne é aqui o homem que vive em meio à história. *O Logos verdadeiro e primordial do chamado de Deus se identifica com um homem concreto da terra*.

Unem-se assim os dois aspectos dentro do grande diálogo vocacional que é Cristo. Se nos esquecermos de que é Deus, convertemos Jesus em alguém como todos, um homem que se esgota no finito. Se nos esquecemos de sua história concreta, seguimos nos velhos mitos orientais sobre um ser de Deus sempre buscado e nunca alcançado. O paradoxo da mensagem cristã se encontra precisamente na união desses aspectos. O Logos que está em Deus no princípio já não é outro que Jesus de Nazaré, o Galileu. E vice-versa: Jesus, homem do mundo, é o Logos de Deus no princípio.

Assim podemos afirmar que *no princípio está a* relação, ou seja, o diálogo que existe em Deus (Logos eterno) e que Deus faz presente entre nós através de Jesus Cristo. Por isso, ali onde dizemos que esse diálogo de Deus está encarnado, sustentamos que a vocação originária e plena é Cristo:

1) *Cristo é o chamado de Deus*, a voz que nos dirige do centro da história. Não nos chama Deus nos poderes sobre-humanos dos astros; não quis dirigir-nos sua palavra a partir de forças que se expressam em milagres especiais; falou-nos por um homem que é o Cristo.

2) *Esse Cristo é, por sua vez, resposta humana*, ou seja, vocação escutada e acolhida. É voz que nós dirigimos a Deus, dando-lhe graças pela criação e pedindo-lhe seu reino já definitivo.

A história de Cristo, que é Logos de Deus sendo logos ou palavra dos homens, nos situa no centro mesmo da vocação, ali onde esse mesmo Deus dirige sua palavra (realiza-nos como filhos) e nós respondemos (fazemo-nos verdadeiramente humanos). Escutar a voz de Deus e responder-lhe em Cristo: isto é vocação para os homens.

Em toda vocação há, portanto, dois protagonistas. *Um é o que chama*: podemos afirmar que fala de Deus e que o faz pela história dos homens; por isso recordamos que Jesus escutou a palavra de Deus no processo mesmo da história, ou seja, na voz dos profetas, na vida de seu povo. *Outro é o que responde*, ou seja, Jesus: respondeu plenamente e por isso dizemos que é a vocação perfeita, já completa.

Antes de Jesus, os homens podiam falar de *vocação frustrada*: Deus chamava e ninguém respondia. Pois bem, nós superamos esta frustração: sabemos que a voz de Deus foi escutada em Jesus, de um modo forte, concreto; e sabemos que Jesus respondeu por nós, abrindo-nos um campo e caminho vocacional, uma *Igreja*. Dela temos de tratar no que vem a seguir.

2. A Igreja, mediadora da vocação universal de Cristo

Há uma formosa *parábola vocacional* onde podemos ver o Cristo como servo que convida todos os humanos ao *banquete*. Os primeiros convidados (os ricos) não aceitam sua voz; por isso amplia no chamado, colocando-se nas praças e nas ruas, nos cruzamentos e nos campos apregoando de maneira aberta a palavra e promessa das bodas (cf. Lc 14,15-24). Por defender seu convite universal e apresentá-lo de maneira intensa no mundo, Cristo morreu; mataram-no aqueles que queriam manter seu privilégio, isto é, seu próprio egoísmo impositivo nos lugares de mando religioso e de poder sobre a terra.

Mataram Jesus os partidários de uma vocação exclusivista, só para eles: os sacerdotes de uma sacralidade só judia, os advogados defensores de uma lei própria de fortes ou de puros, os poderes militares de um império que mantêm sua estrutura pela força. Mataram Jesus, mas Deus o ressuscitou, apresentando-o de novo e para sempre, pela Páscoa, como palavra e garantia de uma vocação universal, de um chamado de reino que se encontra aberto a todos. Três são, no meu entendimento, os traços principais dessa vocação messiânica do Cristo:

1) *Graça*. Deus chama não porque os homens sejam bons, porque possam reivindicar seus méritos ou tenham direitos adquiridos para isso. Chama simplesmente porque quer, isto é, porque os quer: livremente os escolhe e por amor lhes confia a palavra de sua própria vida. A vocação cristã implica sempre a descoberta e cultivo de um amor que é graça: Deus nos fala porque nos ama e não porque tenhamos algum tipo de direito para isso.

2) *Pobreza*. Se é gratuito o dom de Deus e sua palavra é tal que não podemos merecê-la, somos pobres! Certamente a pobreza material (de bens de consumo) ou a opressão social são campos onde o chamado de Jesus expressa-se de maneira intensa: Jesus convidou e seus amigos continuam convidando os coxos, mancos e cegos, os publicanos e as prostitutas, os últimos do mundo para dessa forma fazer deles filhos de Deus e herdeiros de seu reino. Mas essa pobreza material é sinal de um dom e de um mistério originário: só quando o homem renuncia a seu poder, força ou riqueza pode dar-se a verdadeira graça, pode haver o chamado criador.

3) *Universalismo*. Sendo gratuito e dirigido aos pobres, o chamado de Deus pode apresentar-se como universal: encontra-se dirigido a todos. A pessoa de Jesus superou as velhas divisões entre judeus e gentios, homens e mulheres, livres e servos. Diante do dom de Deus em Cristo, diante da voz de sua palavra passam em segundo plano as antigas fronteiras dos homens. Todos aparecem agora como humanos, vinculados no mesmo grande chamado!

A Igreja de Jesus, fundada na experiência pascal, quer ser transmissora desta vocação gratuita, pobre e universal. Assim apresenta de uma forma privilegiada a carta aos Efésios, unindo de maneira clássica os temas da ação de Deus, da eleição e da Igreja. Devemos citar, ainda que de passagem, seus parágrafos mais significativos:

1) *Bendito* seja Deus, Pai de Nosso Senhor Jesus Cristo...,
2) Porque *nos escolheu* nele antes da criação do mundo,
3) Para que fôssemos santos e para que não fôssemos reprovados diante dele no amor...
4) Este é o mistério de sua vontade: recapitular todas as coisas em Cristo...
   Tudo colocou abaixo de seus pés, e a ele fez antes de tudo cabeça da *Igreja*, que é seu corpo (Ef 1,3-4.10.18-19).

Citei o texto com certa liberdade, para vincular assim os temas que agora mais me ocupam. O chamado de Deus em Cristo se converte em motivo de bênção. Este é para Efésios um acontecimento escatológico, a meta e o cumprimento de todas as promessas: Deus nos escolheu no Cristo; rompeu o velho muro que separava judeus de gentios; quebrou a antiga inimizade, a luta entre os homens e chamou uns e outros no Cristo, fazendo de sua graça fonte de união e plenitude universais (cf. Ef 2,11-22).

Esse chamado universal se realizou pela entrega de Jesus, em gesto de pobreza radical, quando os homens o mataram. Recolhe-se assim a mais intensa experiência da Igreja, tal como se expressa, por exemplo, em 1Cor 1. Os homens da terra buscam a salvação utilizando para isso suas riquezas peculiares ou valores. Os gregos se apoiavam na força da *sabedoria*; os judeus apelavam às *obras*, isto é, a sua justiça moral, interpretada como vocação específica do povo. Os cristãos, pelo contrário, só podem apoiar-se na *cruz do Cristo*, que é suma pobreza para o mundo.

Partindo disso e recolhendo dados que se encontram espalhados pelo Novo Testamento, podemos oferecer e ofereceremos um esquema geral de vocação ou chamado cristão, distinguindo três níveis: universalidade, mediação eclesial, serviços especiais. Esses planos resultam vinculados e não podem ser separados uns dos outros.

1) *Há uma vocação universal.* Como messias de Deus, Cristo entregou sua vida pela criação inteira, ou seja, em favor da reconciliação e plenitude do homem. Não portou uma vocação particular, a serviço de uns poucos. Por graça de Deus, e apoiando-se nos pobres deste mundo, quis oferecer o reino de Deus a todos os humanos. Assim o expressou posteriormente a Igreja, especialmente a partir daquele momento em que proclama a mensagem da páscoa e o chamado de Jesus aos gentios, ou seja, a todos os povos da terra (cf. Mt 28,16-20).

Esta é a vocação primeira de Jesus, messias da história. Não veio criar uma Igreja especial para alguns privilegiados, colocando-a no lugar onde em outro tempo se encontrava o povo israelita. Assumindo o passado de Israel e anunciando o cumprimento de seus profetas, Jesus veio proclamar o *reino de Deus*, ou seja, o surgimento da nova humanidade. Assim o viram logo os discípulos (quando expandem a Igreja aos gentios); assim logo Paulo o destacou. Não há outra vocação que a de *homem* (ser humano). Não existe chamado mais verdadeiro que o formulado por Gn 1, que sejamos verdadeiramente humanos.

Ser homem é *vocação*, chamado que Deus mesmo nos dirige em Jesus, oferecendo-nos seu reino. Por isso, ser cristão não é algo que se acrescenta ao ser do homem, como coisa que nos vem de fora, como realidade independente. Cristão é quem, por meio de Jesus, sabe que deve realizar-se como *humano*, partindo do dom de Deus e respondendo assim a sua graça.

Cristo não veio dar-nos algo diferente, como uma propriedade estranha que somente alguns podem receber e cultivar na terra. Cristo nos dirige à meta do humano: quer que possamos realizar assim a vocação, respondendo dessa forma ao chamado de seu reino. Por isso, ao fim da vida, culminando já o caminho da vocação, os discípulos de Cristo somente querem ser humanos: criaturas que obedecem à voz de Deus e lhe respondem.

Esta é a primeira e a mais alta (abarcadora) das vocações: receber a vida como dom (um chamado) e realizá-la em forma pessoal, chegando a cultivar e culminar dessa maneira o que somos, fazendo-nos humanos. Para além desse caminho pessoal não há nada; no fundo do humano se encontra Deus que em Cristo nos recria, ou seja, nos capacita para responder ao chamado da vida em gratuidade e entrega criadora, superando assim os riscos do pecado (que é rechaço da própria vocação humana).

Aqui está o autêntico *humanismo* da fé cristã que podemos formular dessa maneira: reconhece, humano, tua grandeza e realiza teu caminho! Acolhe o chamado que Deus te oferece em Cristo e assume tua dignidade, respondendo com tua própria vida ao dom de vida de Deus que te criou. Entendida assim, a vocação se encontra *no princípio*: por chamado de Deus nascemos e nele podemos fundar nosso caminho. Em segundo lugar, a vocação está *no meio*: local em que vamos escutando a palavra e assumindo a tarefa da vida, em diálogo com Deus, em união com os humanos. Porém, somente *ao fim* se ratifica e cumpre o chamado: quando acaba nossa vida e surge o grande muro fechado da morte descobrimos que esse muro se faz porta pelo Cristo.

Somente a morte ratifica e cumpre nossa vocação: o Deus de Cristo nos chama, o próprio Cristo nos dirige sua palavra, estando do outro lado (muro ou tela) que separa a vida da morte. Convoca-nos o Deus da vida, de maneira que podemos responder-lhe. Dessa forma descobrimos que a vocação suprema consiste em escutar a voz de Deus e responder-lhe do mais profundo da vida que se apaga no caminho da morte. Colocar-se nas mãos de Deus e entregar-lhe o que somos, confiando na acolhida de sua graça, isto é a vocação humana do cristão.

Podemos resumir o que já indicamos, recordando que no princípio de tudo existe uma *vocação universal*, um chamado de Deus que nos convida a realizar-nos como humanos, partindo do próprio gesto da entrega criadora pelos outros (no mundo) e no último e mais profundo momento da morte: somos chamados a colocar nossa existência nas mãos de Deus, com o Cristo morto, esperando assim a grande resposta da Vida (Páscoa universal). Esta é a vocação aberta a todos os humanos, o *caminho do reino* que Cristo quis fundar sobre a terra.

2) *Há uma mediação eclesial da vocação*. A serviço desse reino (vocação aberta a todos os humanos) surgiu, após a Páscoa de Jesus, a Igreja. Ela não é a meta, é meio principal que os próprios discípulos de Cristo acolheram e forjaram para seguir colocando-se com Cristo a serviço do reino.

A Igreja não recebe nem cultiva nenhuma vocação distinta, que seria somente para ela. Não é comunidade esotérica de seres perfeitos que pretendem separar-se dos outros porque têm segredos especiais. Porém, devemos acrescentar que ela recebe e sabe agradecer o dom mais importante: conhece desde agora o chamado universal do homem ao reino e pode assim viver de uma maneira liberta, gostando, celebrando e propagando para todos o que têm em Cristo (fé na Páscoa de Jesus, certeza da plena vocação do homem).

A Igreja pode cultivar dessa maneira mais profunda a *vocação humana*. Os cristãos se reconhecem simplesmente humanos, homens que se conhecem por dentro e que celebram o mistério da nova humanidade já realizada (libertada) em Cristo. Não podem ser soberbos, pois não têm nada que não tenham recebido. Não podem separar-se dos outros, porque tudo o que têm não é para guardar dentro deles, mas para expandir para os outros. De maneira esquemática podemos já traçar os elementos da vocação cristã da Igreja:

a) *A Igreja vive em plenitude a vocação humana*: assume-a na fé, como dom que recebeu, e a celebra de maneira gozosa na liturgia eucarística. Cristãos são aqueles que cultivam de maneira compartilhada (em comunhão crente) em único caminho da vocação humana, revelado, realizado e expandido no mundo pelo Cristo.

b) *A Igreja transmite sua vocação em forma missioneira*. Não se fecha no chamado, nem clausura em seus muros a palavra do reino de Jesus. Ela somente pode manter sua vocação e identidade à medida que a expande ao conjunto dos homens, oferecendo sua palavra (que é palavra de Jesus) e oferecendo um lugar em sua mesa para todos (celebração eucarística).

Nesta dialética de *identidade* (a Igreja é desde agora espaço em que se pode cultivar a vocação de Cristo) e *abertura* universal (oferece a todos o sinal de sua graça) nosso tema adquire seu sentido mais profundo. Já dissemos que não existe mais que *uma vocação* (ser homem, fazer-se plenamente humano em Cristo). Devemos acrescentar agora que *a mediação privilegiada* dessa vocação humana dentro da história é a *Igreja*.

Como mediadora da palavra e lugar de vocação, a Igreja é necessária no tempo atual do mundo, após a Páscoa, de maneira que podemos e devemos manter, reinterpretando, o velho adágio, que *extra Ecclesia nulla salus*. Não existe salvação no exterior (à margem) da Igreja: se Cristo não houvesse deixado no mundo um sinal de amor criador de sua Páscoa, se a mensagem de reino que havia anunciado no caminho da morte tivesse ficado enterrada para sempre na tumba, não haveria esperança salvadora (cristã) em nossa terra.

A Igreja é mediadora de uma salvação ou vocação universal e não somente para aqueles que se encontram dentro dela, celebrando assim o mistério de Jesus de uma maneira aberta. A Igreja é transmissora da palavra de Deus para os homens e mulheres que se encontram fora de seu espaço de celebração concreta. Ela anuncia e celebra um gesto de vocação salvadora que transcende suas fronteiras: quando recorda (Sexta-Feira Santa) a morte de Jesus, está indicando que essa morte é salvadora para todos (não somente para os cristãos); quando recebe na Páscoa a vitória de Jesus, celebra o novo nascimento do humano, para além de suas pequenas fronteiras atuais. Dessa forma, dentro da Igreja, os crentes de Jesus têm o gozo de anunciar e celebrar, de viver e de expandir, uma vocação que os transcende, pois se estende a todos os humanos.

Se em um momento determinado a Igreja dissesse que a vocação humana (pascal) é propriedade exclusiva de seus fiéis, se acrescentasse que Jesus morreu apenas pelos batizados, ela deixaria de ser cristã, ou seja, messiânica. Isso significa que os membros da Igreja vivem (acolhem, celebram, expandem) uma vocação muito mais ampla: sendo cristãos, são "homens" (humanos em sentido pleno) desde o Cristo.

Tendo isto claro, devemos acrescentar que a vocação cristã é antes de tudo um chamado dirigido ao conjunto da Igreja. Não podemos começar falando de vocações ou consagrações especiais. Antes de toda distinção, por cima da separação de funções ou carismas especiais, como mostrou bem o Vaticano II em seu documento *Sobre a Igreja* (nn. 1-17), está a *vocação cristã*: todos os crentes formam parte do único povo de Deus, esposa de Cristo, templo do Espírito Santo, nova humanidade reconciliada. Assim deve ser entendida esta declaração fundamental:

> Procurai conservar a unidade do Espírito pelo vínculo da paz. Há um só corpo e um só Espírito, assim como é uma só a esperança da vocação a que fostes chamados; há um só Senhor, uma só fé, um só Batismo; há um só Deus e Pai de todos, que está acima de todos... (Ef 4,3-6)

Não se poderia ter falado mais bela e profundamente: *na Igreja somente há uma vocação*, somente uma consagração verdadeira: aquela que deriva do Deus criador e do Cristo-Senhor, no Espírito. O Batismo é concretização e fonte dessa vocação cristã que se deve manter e cultivar no amor da Eucaristia e na união profunda dos fiéis. Nesse nível fundante não se pode falar de vocações distintivas nem consagrações especiais.

Chamados de Deus e consagrados por seu Espírito no Cristo, na unidade eclesial, para serviço do reino, são todos os cristãos. Sobre essa base não se pode falar sequer de *consagração sacerdotal ou episcopal*, porque esse nome traz muitas confusões; basta ao bispo sua consagração batismal e não há outra no princípio da Igreja: basta-lhe seu selo de cristão, como sabe bem a antiga tradição teológica; seu ministério episcopal há de ser entendido como expressão forte (evidentemente carismática) do único Batismo, em chave de serviço eclesial. Tampouco pode haver *consagração de vida religiosa*, entendida como nova sacralidade acrescentada à graça do Batismo e da vida cristã; os religiosos são chamados consagrados porque são cristãos, porque no Batismo assumiram em Cristo o caminho da vocação messiânica; sua vida religiosa é uma forma intensa e forte de viver essa consagração, em chave de comunhão celibatária a serviço da grande missão do reino.

Começávamos dizendo que a vocação cristã, dentro da Igreja, estava a serviço da grande *vocação humana*: Cristo não veio fechar-se numa Igreja, mas veio criar (em anúncio e entrega) um caminho de reino, ou seja, de nova humanidade. Por isso, estritamente falando, já não existe senão uma vocação: a do homem messiânico. Para expressar e anunciar esse chamado messiânico surgiu no tempo de Páscoa a Igreja: ela é uma comunhão de crentes que recebem o chamado universal de Cristo e o expande no mundo. Somente por isso podemos afirmar que existe a *consagração cristã* como servidora peculiar da vocação humana.

Sendo mediadora privilegiada dessa vocação humana, como instituição e mistério a serviço de um amor que a ultrapassa, a Igreja vive desde agora a partir da Palavra. Os cristãos se sabem chamados, pois a Igreja lhes oferece no Batismo o sinal mais solene e radical desse chamado. Por isso, eles assumem e cultivam de uma forma expressa o dom do chamado messiânico criador que os faz plenamente humanos: em Cristo descobriram a tarefa de sua humanidade, o serviço dos homens. Como testemunhas desta vocação universal querem viver. São homens messiânicos.

3) *As vocações particulares.* Sabemos que há uma *vocação fundante*: fazer-se humano em Cristo, escutando o chamado de Deus e respondendo de maneira criadora, em abertura ao reino. Também há *um caminho vocacional: a Igreja que nasce da Páscoa de Jesus* como espaço e assumindo sua consagração pelo Batismo vive já a serviço dos homens. Isso foi ressaltado no item anterior.

Porém, uma vez que isso está claro, devemos acrescentar que a vocação universal vem expressar-se em formas diferentes dentro da Igreja: compartilhando um chamado, somos todos bem distintos, de tal forma que podemos e devemos cultivar nossos carismas desde o Cristo, em complementaridade eclesial, a serviço do conjunto dos fiéis (e dos homens).

Não é que na Igreja existam uns membros *com vocação especial* (ministros, sacerdotes, religiosos...) e outros *sem vocação* (os simples fiéis). Não é que uns sejam consagrados para algo (os primeiros) e outros já não tenham consagração. Contrariamente a isso, devemos afirmar que todos na Igreja receberam uma vocação especial, como Paulo indicou:

> Vós sois o corpo de Cristo e sois os seus membros, cada um por sua parte. E aqueles que Deus estabeleceu na Igreja são, em primeiro lugar, apóstolos; em segundo lugar, profetas; em terceiro lugar, doutores; vêm, a seguir, os dons dos milagres, das curas, da assistência, do governo e o de falar diversas línguas. Porventura, são todos apóstolos?... Aspirai aos dons mais altos... Ainda que eu falasse línguas, as dos homens e as dos anjos, se eu não tivesse amor... (1Cor 12,27–13,1)

O texto é conhecido e não requer muito comentário. Há na Igreja de Deus (corpo de Cristo) muitos ministérios ou carismas que não servem para separar os cristãos – dividindo-os em grupos adversários –, mas precisamente para uni-los. Dentro deles se assinalam por seu nome alguns que resultam mais visíveis dentro da Igreja, não somente neste texto, mas no conjunto de 1Cor 12–14 (cf. Mt 23,34 e o conjunto de Atos e Efésios, para citar apenas dois casos). Não há cristão sem tarefa eclesial ou ministério carismático. Três são, no meu entender, os princípios ou fontes donde derivam essas várias vocações eclesiais:

1) *Deus chama em Cristo*, dirigindo aos crentes sua palavra criadora, em âmbito de súplica pessoal, à luz do Evangelho. Sem esta descoberta da voz de Deus em Cristo não se pode falar de vocação cristã.

2) *A Igreja chama*, oferecendo a cada um dos fiéis sua tarefa. Ela convoca de maneira geral, abrindo um espaço de convite, um lugar onde cada um se descobre interpelado. Mas concretamente a mesma Igreja, reunida em assembleia e dirigida por seus porta-vozes, pode chamar alguns membros, oferecendo-lhes tarefas de missão ou responsabilidade a serviço do conjunto, como mostra de maneira exemplar a vocação de Barnabé e de Paulo em At 13,1-3.

3) *Alguém se sente chamado* e oferece à Igreja sua própria pessoa para realizar um serviço especial. Sem este compromisso pessoal, sem esta entrega própria, não existe vocação. O chamado de Deus expressa-se no desejo da própria entrega em favor do Evangelho. Somente ali, quando se unem entrega pessoal e encargo da Igreja, partindo do dom de Deus, existe vocação ministerial (oficial) dos cristãos.

Todas estas vocações serão interpretadas como expressões particulares da grande *vocação batismal* que é uma participação originária no chamado de conjunto da Igreja. Através do Batismo, Cristo nos oferece sua palavra, convidando-nos a participar no caminho histórico de sua vocação, ou seja, em sua comunidade messiânica. Não existe um chamado superior; não há vocação ou consagração maior que aquela que nos faz plenamente humanos pelo Cristo, dentro de sua Igreja.

Por isso, as vocações especiais, oferecidas de maneira peculiar a cada um dos fiéis, não devem ser entendidas como algo novo no sentido de mais santo, mais sagrado ou mais dotado de poder. Essas vocações não consagrações novas, mas formas de assumir e explicitar a vocação originária do Batismo (da Páscoa de Jesus) a serviço do conjunto dos fiéis e da tarefa missionária da Igreja.

Vemos, pois, que recebemos e expressamos as diversas vocações dentro da Igreja, de tal forma que nosso chamado particular somente se realiza e adquire seu sentido nesse espaço mais extenso. Assim podemos recordar de novo os momentos já indicados:

a) *Jesus*: uma comunidade nos chama, mas, estritamente falando, quem dirige sua palavra e nos convoca é Cristo; por isso toda vocação supõe estar à escuta de sua voz, assumir seu segmento. Só seremos fiéis à vocação cristã enraizando-nos, para além da Igreja, no chamado de Jesus, para assumir sua obra.

b) *A Igreja*. Mas esse chamado só é escutado quando um crente se mantém fiel à unidade dos irmãos, sabendo que as diversas vocações devem complementar-se, de tal forma que uns ajudem aos outros na descoberta do próprio caminho.

c) *Uma tarefa*. Os elementos anteriores de eleição transcendente (a partir de Jesus) e "unificação" (comunidade) só culminam no envio: toda vocação se dirige à missão de anunciar o Evangelho, de vivê-lo com intensidade e celebrá-lo com os outros.

É necessário acentuar nesse contexto o fato de que *a primeira vocação* é laical, entendida em seu sentido forte: Deus nos chama em Cristo para formar parte de seu povo ou *laos*, consagrando-nos em Cristo. Nesse sentido, todos os cristãos somos, antes de tudo, *leigos*: homens do povo universal do Cristo; só de dentro desse povo, através do chamado de conjunto da Igreja, podemos e devemos expressar num momento posterior nossas diversas vocações.

É significativo o fato de que o Novo Testamento não tenha fixado em seus livros uma lista de *serviços ministeriais*, bem determinados e precisos, estabelecendo assim uma forma universal de hierarquia obrigatória que poderia situar-se acima dos fiéis. É certo que a Igreja posterior estabeleceu uma "hierarquia" normativa (de bispos, presbíteros e diáconos), e penso que assim deve continuar e mudar no futuro, à luz do Evangelho. Porém, devemos recordar que ela não forma nenhum tipo de "superestrutura" que se impõe por cima do corpo da Igreja.

O que chamamos *hierarquia* (com palavra discutível que talvez deva ser evitada no futuro, porque evoca um tipo de *poder sagrado* que parece opor-se ao Evangelho; cf. Mc 10,41-45) veio converter-se em elemento-chave da organização e tarefa eclesial. Ela é boa e necessária, sempre que se encontre bem centrada no conjunto da Igreja, como um elemento integrante da única e grande *vocação cristã*.

Voltemos a tratar o tema de maneira mais concreta, utilizando nesta perspectiva o termo usual, ainda que também muito discutível, de sacerdote. Estritamente falando, nem bispos nem presbíteros são sacerdotes (doadores do sagrado ou mediadores de cultos) no sentido que esse termo recebe nas antigas religiões. Para o Novo Testamento somente existe um sacerdote, e este é Cristo. Mas deixemos essas precisões e tomemos o termo na forma normal, dizendo assim que existe uma *vocação sacerdotal* dentro da Igreja.

Essa vocação (de bispo, presbítero, diácono), condicionada e potenciada pelo compromisso atual do celibato, centra em si grande parte das tarefas eclesiais. Se deixamos de lado os carismas de contemplação ou caridade (realizados em sua maioria por religiosas), grande parte das tarefas básicas da vocação ativa da Igreja está sendo realizada por sacerdotes (religiosos ou seculares). O celibato serviu para destacar a radicalidade desta entrega vocacional que põe a totalidade da pessoa a serviço de seu ministério. Esta vocação pode nascer de várias formas, porém nela hão de influir estes momentos:

1) *Há um chamado de Deus por Jesus*. Deus convida uma pessoa, pedindo-lhe que se ponha a serviço do Evangelho, num caminho que tende ao reino. Sem este convite de Jesus, com seus elementos de mistério e graça, a vocação sacerdotal carece de profundidade e fundamento.

2) *Há uma chamado eclesial*. A voz de Jesus se concretiza na Igreja através do bispo, que convida uma pessoa ao serviço ministerial. Objetivamente falando, o momento principal da vocação é este: a comunidade, por meio de seu representante (bispo), chama uma pessoa e lhe pede que se encarregue da missão eclesial, a serviço do conjunto dos fiéis.

3) *Há, finalmente, um aspecto pessoal*. A voz de Jesus e o chamado da Igreja são discernidos e concretizados através

de uma "decisão pessoal" devidamente amadurecida e abertamente expressa diante da comunidade. Somente a partir desta decisão o sacerdote pode colocar-se à disposição do plano de Deus (de Jesus) para realizar as tarefas do Evangelho, a partir da Igreja.

Desde o momento em que intervêm esses três fatores, a vocação sacerdotal apresenta-se como realidade complexa. Para seu nascimento e cultivo exige-se um profundo contato com o Deus de Jesus e uma profunda consciência eclesial: somente ali onde se viva com paixão a tarefa da Igreja, como serviço evangélico, em gesto de abertura missionária ao conjunto dos homens, pode surgir uma vocação "sacerdotal".

Essa vocação pode variar e variará de maneira presumível nos próximos decênios. Os ministérios perderão seu caráter de *poder sagrado* (hierarquia) para se apresentarem como serviços qualificados, dirigidos ao bem do conjunto da Igreja e sua tarefa missionária. É bem desejável que o celibato deixe de ser obrigatório; serão aceitas (ordenadas) também as mulheres... Tudo isso fará que mudem de maneira significativa alguns dos traços clericais dos ministérios da Igreja.

Estamos, presumivelmente, diante de uma etapa de grande crise: de queda e novo nascimento. O cristianismo clerical se acaba. As vocações de tipo mais tradicional terminam. Porém, isso que alguns entendem como uma tragédia deve converter-se em princípio de *novo nascimento*: do próprio centro da Igreja, partindo da mensagem e Páscoa de Jesus, hão de surgir e surgirão novos modelos de vocação ministerial, formas distintas de entender os serviços do presbítero/a e bispo/a, dentro da comunidade dos crentes.

Porém, este não é o momento de ocupar-nos deste tema. Basta, em princípio, o já dito para interpretar a vocação cristã (em seu conjunto) e para descobrir e realizar em formas novas as diversas vocações que derivam do amor (voz criadora) de Jesus no caminho da Igreja. São necessárias as *vocações individuais* (ou seja, a disponibilidade dos crentes); porém, é igualmente necessária a vocação eclesial, ou seja, o fato de que toda a Igreja (representada de algum modo por sua "hierarquia" atual) saiba transmitir o chamado de Jesus, oferecendo aos crentes novos modos de entrega e seguimento pelo reino.

Não podemos descarregar a culpa nos de fora: no fracasso da família, na falta de ideais da juventude, no materialismo ambiental... Tudo isso são escusas. Desde o princípio de sua história, a Igreja de Jesus se encontra imersa dentro de um contexto social que poderia ser interpretado de algum modo como adverso. Essa Igreja não pode condenar os demais, como descarregando neles sua consciência. Ela mesma deve fazer exame de consciência e ver se oferece "espaço de chamado" para que assim possam surgir os compromissos em favor do Evangelho, em chave de tarefa ministerial.

É possível que devam mudar muitas coisas, que acabe um tipo de estrutura clerical, que as formas de poder terminem... Em fidelidade ao Evangelho de Jesus, desde o mais profundo de sua vocação messiânica, a Igreja encontrará maneiras de expressar em novos ministérios o que foi a tarefa dos velhos ministérios "hierárquicos" de bispos e presbíteros. A história dos patriarcas e profetas de Israel pode ajudar-nos a buscar melhor em um caminho que agora há de se fundar na mensagem e na Páscoa de Jesus, o Cristo.

3. A vocação à vida religiosa

De maneira puramente conclusiva, resumindo de alguma forma todo o anterior, quero centrar-me na vida religiosa. Desse tema me ocupei extensamente em meu *Tratado de la vida religiosa. Consagración, comunión, misión* (Madrid, Publicaciones Claretianas, 1991), que retoma e amplia um livro mais antigo, *Esquema teológico de la vida religiosa* (Salamanca, Sígueme, 1978). Como indica o primeiro título, suponho que a vida religiosa está centrada nos momentos de consagração (encontro com Deus), comunhão (vida fraterna de celibatários) e missão (ou tarefa evangélica).

Disseram-me por vezes que devia mudar esse modelo, introduzindo ao lado dos temas já indicados (consagração, comunhão, missão) a *vocação* ou algum dos votos. Sabendo bem que todos os esquemas são, ao fim, parciais, pensei que fosse preferível conservar o meu, interpretando assim a vocação como fundo abarcador que engloba e fundamenta os elementos restantes da vida religiosa.

Isso significa que a vocação não é algo que se possa acrescentar aos aspectos da essência (consagração, comunhão, missão) ou aos meios fundantes da vida religiosa (castidade, pobreza e obediência). Ela está no fundo de tudo: é o princípio e a força de desdobramento da vida religiosa. De maneira esquemática, podemos distinguir aqui seus planos ou níveis:

1) *É vocação cristã*. O religioso e a religiosa somente escutam e respondem ao Deus de Cristo, dialogando com ele e realizando dessa forma a existência. Tudo o que já dissemos sobre a existência como vocação se aplica aqui de forma intensa: o religioso é um homem (mulher ou varão) que quer cultivar com profundidade a palavra de Deus.

2) *É vocação eclesial*. O religioso é consagrado em seu Batismo: é "santo" (em sentido radical), pois forma parte da Igreja. Como membro dela quer viver. Por isso, sua vocação é a do resto dos fiéis; não quer distinguir-se deles, mas tornar plena ou cultivar com profundidade a palavra de Deus.

3) *É vocação em comunidade celibatária*. Este é o momento peculiar e distintivo. O religioso quer responder ao chamado de Jesus, dentro da Igreja, unindo-se a um grupo de companheiros que compartilham o mesmo ideal e descobrem o gozo de viver formando uma família que deseja apresentar-se como sinal peculiar de reino sobre o mundo.

4) *É vocação num grupo concreto*, ou seja, dentro de uma tradição determinada, numa ordem ou consagração. Os religiosos têm formado ao longo da história da Igreja grupos bem concretos de "cultivo vocacional": dentro deles se inscreve e recebe seu sentido o caminho particular de cada membro.

A vocação não é algo que se acrescente aos restantes elementos da vida religiosa. Ela é transfundo, fonte e meta onde todos eles surgem e recebem seu sentido. Assim indicamos de maneira esquemática nas notas seguintes.

1) *A vocação deve ser entendida em linha de consagração*, ou seja, de chamado de Deus. Certamente, como indicamos várias vezes, a vida religiosa não dispõe de uma consagração nova ou distinta, com respeito à de todos os cristãos. Em sentido estrito, ela não deveria ser chamada *vida consagrada*, como se não fossem consagrados todos os caminhos, vocações ou modos de vida cristã. Tampouco se pode falar de uma *consagração de virgens*, como se a virgindade em si (sobretudo nas mulheres) fosse um novo tipo de consagração cristã. Penso que, nesse plano, devemos ser taxativos: religiosos e não religiosos, leigos, ou bispos, ou presbíteros, somos consagrados porque cristãos. Isso é o importante e isso basta.

Porém, estando isso claro, devemos acrescentar que o religioso quer cultivar de um modo peculiar ou próprio o mistério da consagração universal cristã. Talvez pudéssemos dizer que o religioso é um homem que mantém à flor da pele sua consagração, fundando sua vida na palavra de Deus. Para viver assim, renuncia à posse individual de bens, ao matrimônio e aos filhos, formando uma espécie de comunidade de "libertados" messiânicos que querem escutar a voz de Deus e responder-lhe unidos com grande força.

Isso significa que a vida religiosa pode ser expressa apenas ali onde se tem a consciência de um chamado de Deus. Outras formas de vocação podem ser mantidas como por inércia, seguindo assim o caminho dos bens e desejos deste mundo. A vida religiosa somente se mantém se há diálogo com Deus. É evidente que ninguém pode "criar" esse chamado, porque vem de Cristo e se transmite por meio da Igreja; porém, o religioso sente que ele se dirige precisamente a ele, de uma maneira muito intensa. Por isso organiza e estrutura toda a sua existência a partir da palavra com alguns companheiros que se sentem igualmente convocados. Para responder a esse chamado, para expressar assim com força o que implica a consagração batismal que receberam com os demais fiéis cristãos, os religiosos assumem e cultivam sua forma de vida especial.

2) *A vocação se expressa numa comunhão*. Deus nos chama pelo amor, nos consagra para o encontro com os outros (comunhão). Por isso os religiosos não podem converter-se em solitários, ao estilo de alguns ascetas ou místicos do Oriente (no campo de outras religiões). Os religiosos cristãos se comprometem a expressar a sua vocação humana e cristã formando uma comunidade de celibatários.

Por isso, num sentido estrito, a castidade comunitária converte-se no núcleo distintivo da vida religiosa. Como já dissemos, o *celibato* é condição acidental (e cambiável) do mistério ordenado da Igreja: o serviço da palavra ou sacramento pode ser realizado de diferentes modos ou estilos de vida. Já *a castidade comunitária* é nota essencial da vida religiosa.

São religiosos cristãos aqueles que, sabendo-se chamados por Deus (como batizados), podem e querem responder a esse chamado compartilhando o caminho com um grupo de irmãos celibatários, formando com eles uma família estável que quer durar até a morte. Dessa forma, o chamado de Deus expressa-se em forma de diálogo intenso, em nível de castidade.

É importante dentro da Igreja, em nível de encarnação, o diálogo de fé e de vida dos noivos, um homem e uma mulher que compartilham para sempre seu caminho, querendo ser esposos. Eles simbolizam em seu amor o grande amor do Cristo, como sabe Ef 5: sua própria união se torna dessa forma sacramento do reino de Deus na terra. Mas há também outro caminho de amor que a vida religiosa se atreve a ensaiar, em atitude e aposta criadora, a serviço do conjunto da Igreja: o amor comunitário dos religiosos.

É difícil apresentar ou defender este amor na teoria, pois não valem aqui os pensamentos gerais. O que importa é a experiência de uma vida que se sente (sabe) libertada por Jesus, cheia de amor e transformada pelo reino. Quem tem esta experiência descobre em si a possibilidade gozosa de assumir e compartilhar a vida com um grupo de amigos (companheiros) que sentiram esse mesmo chamado do reino. Por isso se vinculam, formando uma comunidade religiosa.

Não se comprometem com o celibato por ascese (desejo de vencer as "paixões", ao modo hindu ou budista), ainda que seu caminho implique um bom momento de ascese. Tampouco renunciam ao matrimônio por incapacidade dialogal ou medo da vida a dois... Todas as razões negativas resultam, ao fim, insuficientes para expressar a novidade do encontro (comunhão celibatária) dos religiosos.

Acabo de dizer *encontro* e quero ressaltá-lo: a castidade dos religiosos deve ser interpretada como uma forma de comunicação, um tipo de *palavra* compartilhada, em nível concreto de diálogo pessoal, tanto no plano intracomunitário (com os outros religiosos) como no plano extracomunitário (com os homens e mulheres do entorno).

Talvez pudéssemos dizer que o religioso deve ser uma espécie de *artista da comunicação*: um homem (mulher ou varão) que deixou o matrimônio e a vida a dois para desenvolver de uma maneira intensa as riquezas de um diálogo mais amplo. Não se trata de "negar o sexo" (entendido aqui como erotismo), mas o contrário: quer superar ou sublimar um tipo de sexo (relação genital, vida a dois) para expressar com mais força outros tipos de comunicação e palavra que se apoiam na Páscoa de Jesus, o Cristo.

Os religiosos não professam castidade no caminho de uma mística negadora da carne (como supõe, na realidade, o platonismo do *Banquete*, no discurso de Diótima). Não interpretam a "carne" como má ou imperfeita, em caminho de espiritualização que nos conduz aos valores de um bem supramundano. Pelo contrário: por amor à "carne" de Jesus, por experiência pascal, os religiosos sabem que a velha vida deste mundo está passando. Por isso, junto ao sacramento do matrimônio, que cristianiza o encontro sexual, a dois, ao apresentá-lo como expressão do amor de Deus em Cristo, eles querem destacar e destacaram o valor do *encontro comunitário*, em perspectiva de celibato: assim vão explorando novas formas de vida compartilhada, a serviço da gratuidade do reino.

Nesta linha, a mesma comunidade religiosa apresenta-se como espaço de chamado: é transmissora de vocação, palavra humanizante, para aqueles que se sentem convidados por Jesus a esta maneira de existência. Certamente, Deus chama, porém o faz da mesma comunidade que oferece aos possíveis candidatos um lugar de realização humana forte e criadora.

Quando às vezes se fala de uma *crise vocacional*, pode-se entender esta palavra em dois sentidos. De um ponto de vista pode ser a *comunidade* que deixou de chamar, que não atrai novos membros, porque já não transmite valor cristão, humanizante, dentro deste mundo. Também podemos dizer que *os novos cristãos*, imersos talvez dentro de uma crise ou mudança de valores, não conseguem descobrir a novidade do chamado da vida religiosa; talvez ambos os sentidos devam unir-se. Estamos em tempo de crise, mas esta é uma crise que pode converter-se em criadora.

3) *A vocação há de ser entendida a partir da missão*. Como indicamos ao ocupar-nos das grandes personagens do Antigo Testamento (de Abraão a Jonas), a vocação se encontra sempre vinculada a uma tarefa: Deus chama, aparece, supera as dificuldades daquele a quem dirige sua palavra e lhe oferece ordinariamente um sinal de valor e a verdade de seu chamado... Para lhe confiar uma missão. Este mesmo esquema pode ser encontrado dentro da vida religiosa.

Porém, falando de maneira estrita, a vida religiosa não tem uma missão distinta e própria, diferente daquela que define o conjunto da Igreja: viver o Evangelho, ser testemunha de Jesus na terra, ajudar os que estão necessitados e estender o reino até o extremo da terra... Nesse aspecto, a missão da vida religiosa há de se inscrever na tarefa missionária de todos os demais fiéis.

Uma vez dito isto, podemos acrescentar que os religiosos receberam dentro da Igreja a missão específica de expressar o sentido e a riqueza de sua vocação à comunidade celibatária: eles têm de expressar a todo o mundo os que vivem, mostrando assim a força criadora de um amor vinculado aos irmãos, tornando-os capazes de dialogar em profundidade, a partir do Evangelho.

Não se trata de buscar *missões especiais*, formas raras de presença e ação na terra. A missão primeira dos religiosos será viver como cristãos, cultivar com intensidade sua própria vocação, mostrando, aos demais, o que supõe uma vida de diálogo com Deus (ou seja, de cultivo vocacional). Essa missão consistirá em mostrar-se abertamente ao mundo, com verdade, sem enganar os demais com fórmulas vazias ou falsos sacralismos.

Uma vez sabido isso, uma vez que já se sabe que a vida religiosa há de assumir antes de tudo a missão de reino do conjunto da Igreja, pode-se assegurar que ela assume missões especiais que vão sendo explicitadas por sua própria história: ela expressa no mundo o canto de louvor dos anjos do céu (perspectiva monástica), é testemunho de pobreza (franciscanismo), oferece uma palavra de verdade (dominicanos) ou cumpre em nome da Igreja tantas tarefas de ajuda aos homens que se encontram mais perdidos e oprimidos no mundo (ordens redentoras, organizações de caridade etc.).

Porém, com isso ultrapassamos nosso propósito. Queríamos falar de vocação e tratamos dela no contexto mais extenso da vida (humanidade) e da Igreja (chamado batismal). Esboçamos o tema dentro da vida religiosa.

4. Apêndice

4.1. Sugestão de leituras

1Cor 12–14: carismas e mistérios dentro da Igreja.
Jo 1,1-14: a Palavra encarnada, princípio de toda vocação.
Ef 1–4: vocação universal, única vocação.
Hb 1: chamado universal, chamado em Cristo.

4.2. Textos ilustrativos

Todos na Igreja, quer pertençam à Hierarquia quer por ela sejam pastoreados, são chamados à santidade, segundo a palavra do Apóstolo: "esta é a vontade de Deus, a vossa santificação" (1Ts 4,3; cf. Ef. 1,4). Esta santidade da Igreja incessantemente se manifesta, e deve manifestar-se, nos frutos da graça que o Espírito Santo produz nos fiéis; exprime-se de muitas maneiras em cada um daqueles que, no seu estado de vida, tendem à perfeição da caridade, com edificação do próximo; aparece de modo especial na prática dos conselhos chamados evangélicos. A prática destes conselhos, abraçada sob a moção do Espírito Santo por muitos cristãos, quer privadamente, quer nas condições ou estados aprovados pela Igreja, leva e deve levar ao mundo um admirável testemunho e exemplo desta santidade (Vaticano II. *Sobre a Igreja*, n. 39).

A vida religiosa... É manifestada pelo testemunho heroico de muitas religiosas e religiosos que, a partir de sua singular aliança com Deus, torna presente em todas as situações, até nas mais difíceis, a força do Evangelho. Pela vivência dos conselhos evangélicos participam do mistério e da missão de Cristo, irradiam os valores do Reino, glorificam a Deus, animam a própria comunidade eclesial e interpelam a sociedade (cf. Lc 4,14-21; 9,1-6). Os conselhos evangélicos têm uma profunda dimensão pascal, já que supõem uma identificação com Cristo, em sua morte e ressurreição (cf. João Paulo II. *Os caminhos do Evangelho*, n. 17).

Por sua experiência testemunhal, a vida religiosa "há de ser sempre evangelizadora para que os necessitados da luz da fé acolham com alegria a Palavra da Salvação; para que os pobres e mais desprezados sintam a proximidade da solidariedade fraterna; para que os marginalizados e abandonados experimentem o clamor de Cristo; para que os sem voz se sintam escutados; para que os tratados injustamente encontrem defesa e ajuda" (João Paulo II, Homilia na Catedral de Santo Domingo, 10.10.92, n. 8; CELAM. *Documento de Santo Domingo*, n. 85).

4.3. Perguntas orientadoras

1. Como se relacionam palavra de Deus e vocação?
2. Por que dizemos que Cristo é a vocação encarnada?
3. Pode existir vida humana sem vocação?
4. Qual é a primeira vocação? Ser homem ou um tipo de homem?
5. Por que dizemos que a vocação tem uma raiz batismal?
6. Como se relacionam Igreja e vocação?
7. Há vocação sem chamado eclesial?
8. Relacionar chamado de Deus, chamado eclesial e discernimento próprio.
9. Existe vocação sem liberdade?
10. Quantas consagrações há na Igreja?
11. Pode-se afirmar que as vocações particulares são modos distintos de assumir e expressar a única consagração eclesial?
12. Quais são os elementos fundamentais da vocação religiosa?
13. Por que distinguimos a vocação da consagração, comunhão e missão?

14. Como se relacionam vocação religiosa e castidade comunitária?

15. Pode ocorrer na vida religiosa vocação sem missão?

16. Por que a vocação na vida religiosa implica uma forma de vida comunitária?

Impresso na gráfica da
Pia Sociedade Filhas de São Paulo
Via Raposo Tavares, km 19,145
05577-300 - São Paulo, SP - Brasil - 2015